Max Lehrs, active 1465-1485 Master W with the Key

Der Meister W A, ein Kupferstecher der Zeit Karls des Kühnen

Max Lehrs, active 1465-1485 Master W with the Key

Der Meister W A, ein Kupferstecher der Zeit Karls des Kühnen

ISBN/EAN: 9783337470159

Hergestellt in Europa, USA, Kanada, Australien, Japan

Cover: Foto ©ninafisch / pixelio.de

Weitere Bücher finden Sie auf **www.hansebooks.com**

DER MEISTER W A

EIN KUPFERSTECHER DER ZEIT KARLS DES KÜHNEN

VON

MAX LEHRS

MIT 31 TAFELN IN LICHTDRUCK

LEIPZIG

VERLAG VON KARL W. HIERSEMANN

1895

FRIEDRICH LIPPMANN

ZUGEEIGNET

CONCORDANZ*)

Bartsch			Passavant		Passavant	
Bartsch 1.	11.		Passavant 32.	R.	Passavant 63.	62.
2.	12.		33.	2.	64.	63.
(3.) Unbekannt.	—		34.	3.	(65.) Italienisch P. V. 193. 112.	
4.	13.		35.	17.	(66.) Oberdeutsch	
(5.) Unbekannt	—		36.	38.	4. P. II. 84. 15.	
6.	15.		37.	55.	5. B. X. 13. 7. P. II. 84. 11.	
(7.) Unbekannt	—		38.	54.	6. Unbeschrieben.	
(8.) Unbekannt	—		39.	60.	7. B. VI. 286. 219.	
9.	14.		40.	57.	10. Unbeschrieben.	
(10.) Unbekannt.	—		41.	70.	16. P. II. 268. 36. und Cop. A.	
(11.) Unbekannt	—		42.	71.	18. B. X. 25. 45. P. II. 187. 42.	
(12.) Unbekannt	—		43.	63.	19. P. II. 234. 165.	
13.	1.		44.	61.	20. Willshire, Cat. II. 99. G. 118.	
14.	9.		45.	02.	21. P. II. 237. 180.	
15.	39.		46.	68.	30. Unbeschrieben.	
16.	64.		47	66.	31. Strutt, Dict. II. p. 407.	
17.	75.		48.	67.	33. Unbeschrieben.	
18.	50.		49.	74.	35. Repert. f. K. XVI. 334. 60.	
19.	69.		50.	72.	36. B. X. 61. 44. P. II. 243. 229.	
20.	76.		51.	77.	40. ⎫	
21.	65.		52.	48.	41. ⎪	
22.	32.		53.	49.	42. ⎬ P. II. 270. 63 — 66.	
(23.)	F.		54.	50.	43. ⎭	
24.	22.		55.	45.	44. P. II. 271. 67.	
25.	23.		(56.)	F.	46. Nagler, Monogr. V. Nr. 1441.	
26.	24.		(57.)	H.	47. P. II. 245. 244.	
27.	26.		(58.) Vom Monogrammisten bж ◆ P. II. 123. 39.		51. Repert. f. K. XIV. 104. 8.	
28.	25.				52. Cat. Trivulzi p. 163.	
29.	27.		59.	32.	53. Unbeschrieben.	
30.	28.		60.	34.	56. Dutuit, Manuel V. 174. 67.	
31.	29.		61.	37.	59. Heinecken, N. N. 1. 386. 11.	
			62.	61.	73. Zeitschr. f. christ. K. VI. Sp. 71. Nr. 2.	

*) Die dem Meister W A irrthümlich zugeschriebenen Blätter sind eingeklammert.

Unter den Kupferstechern des XV. Jahrhunderts, deren niederländische Herkunft bereits durch Passavant festgestellt wurde, nimmt der Meister W 𝄞 künstlerisch unstreitig den ersten Platz ein, während er zeitlich dem Meister der Liebesgärten[1]) folgt. Die älteren Ikonographen von Heinecken, v. Murr und Strutt bis zu Malpez und Füssli schreiben die Stiche mit dem Monogramm W 𝄞 fragweise dem Jacob Walch zu, den sie für den Lehrer Wohlgemuts ausgeben. Passavant gesteht, dass über den originellen und talentvollen Meister so gut wie nichts bekannt sei und schliesst auf seine niederländische Abkunft nur aus zwei Gründen: dem Vorkommen des Wortes »fraect« auf dem Schiff Nr. 30 und dem Wasserzeichen des gothischen p mit der Blume, welches sich in dem Berliner Exemplar des Schiffes Nr. 33 findet.[2]) Nur das erstere Argument ist stichhaltig, denn das gothische p mit oder ohne Blume kommt unendlich oft bei allen niederrheinischen Stechern vor, auch bei jenen, die nachweislich keine Niederländer im heutigen Sinne des Wortes sind. Bei Israhel van Meckenem ist es so ziemlich das häufigste Wasserzeichen, ebenso beim Monogrammisten IC von Köln und vielen anderen.

Das Werk des Meisters W 𝄞, von welchem Bartsch 31 Blatt beschrieb — darunter ein ihm irriger Weise zugewiesenes und sieben Apostel, die entweder überhaupt nicht gestochen oder verschollen sind, wurde von Passavant auf 61 Nummern[3]) gebracht und setzt sich nach dem

beutigen Stande der Forschung aus 77 Blättern zusammen, von welchen 20 zwar nicht das Monogramm des Stechers tragen, ihm aber mit voller Sicherheit zugewiesen werden können.

Auf Grund dieses umfangreichen Werkes, welches so ziemlich alle dem Kupferstich des fünfzehnten Jahrhunderts offenen Stoffgebiete umfasst und in dem sich biblische und profane Darstellungen, architektonische Aufrisse und Entwürfe für allerlei Kirchengeräth, Wappenschablonen und Ornamente finden, lässt sich die niederländische Nationalität des Stechers noch aus zahlreichen anderen Gründen nachweisen. Ausser dem eingestochenen Worte : fraect« auf dem Stich Nr. 30, welches im Niederländischen eine Art Kriegsschiff bezeichnet, findet sich auf dem Passavant unbekannten scheiternden Schiff Nr. 31 das Wort »baertje«, der altniederländische Ausdruck für ein kleineres Schiff, wie er sich in dem deutschen Wort · Barke« erhalten hat. Eine vierzeilige niederländische Legende trägt ferner der allerdings unbezeichnete h. Quirin Nr. 19 im Unterrande[4]), von dem sich auch eine flämische Holzschnitt-Copie in zwei Handschriften der Universitäts-Bibliothek zu Lüttich erhalten hat. Eine andere Holzschnitt-Copie nach dem h. Franciscus Nr. 16 wurde laut gedruckter Aufschrift in Brüssel gefertigt, und von den beiden Exemplaren der kleinen Madonna im Fenster Nr. 3 stammt das eine aus einem für einen Antwerpener Verleger gedruckten Buch, das andere aus dem Manuscript einer niederländischen Nonne in Kloster Zelwert bei Noordwijk (Provinz Groningen).

Die K-artige Schreibweise des R im Titulus auf dem Calvarienberg Nr. 8 findet sich in dieser Form nach meiner Beobachtung nur noch beim Meister von Zwolle auf dessen grossen Stichen B 5 und 6 des gleichen Gegenstandes, die auch stylistisch die grösste Verwandtschaft damit zeigen. Ferner dürfte es kein Zufall sein, dass das Kircheninterieur Nr. 53 in Oxford, wenn auch von späterer Hand, die Aufschrift ANVERS trägt.

Dem Umstand, dass 6 Blätter unseres Meisters (Nr. 16, 20, 35, 39, 73 und 74) von Israhel van Meckenem, ein siebentes (Nr. 44) bereits vom Meister mit den Bandrollen

---

[1]) Vergleiche des Verfassers Monographie über diesen Stecher, Dresden, 1893.

[2]) Vor Passavant, der sich bereits im Kunstblatt von 1850 p. 182 in gleichem Sinne äussert, hatte Ottley (Inquiry II, p. 624) den Meister W 𝄞 zuerst für einen Holländer erklärt, und ihn schliesslich sich Renouvier (Des types et des manières des maîtres graveurs, XVe siècle p. 96) an, nachdem er den Stecher noch p. 84 zur französischen Schule gezählt hatte. Auch in seiner Histoire de l'origine et des progrès de la gravure p. 178 erklärt er ihn als stylistischen Gründen für einen Flamen. Friedrich v. Bartsch (Die Kupferstichsammlung der k. k. Hofbibliothek in Wien p. 100) und Waagen (Kunstdenkmäler in Wien II. p. 260) sind derselben Ansicht.

[3]) Von den 30 neuen sind zu streichen Nr. 56 und 57 als vom Meister ES gestochen und zwar vom Meister W 𝄞 retouchirt, Nr. 58 vom Monogrammisten b0t f und identisch mit P. II, 123, 30 und Nr. 59 als schon von Bartsch unter Nr. 22 beschrieben. Von den 5 Blättern, die Passavant im Appendix citirt, sind Nr. 62—64 jedenfalls identisch mit Nr. 43—46 seines Verzeichnisses. Nr. 65 ist italienisch und im V. Bd. p. 198 Nr. 112 richtig aufgeführt, und der Holzschnitt Nr. 66 endlich sicher eine oberdeutsche Arbeit. Er findet sich ausser in Wien (Albertina) auch im Germanischen Museum zu Nürnberg.

[4]) Die Inschrift lautet:

① marscale . lancte . quiry . martelaer groot .
Bescremt . ons . voer . den . heetlight gā boot
voer . pestelenci . tii . vū . lg . plaghe istferlsct —
Als . hoeftmarscale . vū . gods weghe . vn . bermherte

copirt worden, sei für die engere Lokalisirung des Stechers keine Bedeutung beigemessen, ebensowenig den Wasserzeichen, die sämmtlich für niederrheinische, aber nicht gerade für niederländische Provenienz sprechen. Erwähnt sei jedoch das burgundische Wappen in dem Wiener Exemplar von Nr. 54. Für sich allein würde dasselbe bei der Frage nach der engeren Heimath des Künstlers nicht ins Gewicht fallen, es gewinnt aber erhöhte Bedeutung, wenn wir es zusammenhalten mit der von Passavant nicht erkannten Thatsache, dass der Meister W ♃ auch der Stecher des grossen Wappens Carls des Kühnen Nr. 44 ist, und dass wir für die Kriegs- und Lagerscenen Nr. 22—29 die Vorbilder im Heer dieses kriegerischen und prunkliebenden Fürsten zu suchen haben, dessen Flotte höchst wahrscheinlich die ebenfalls aus 6 Blättern bestehende Folge der Seeschiffe Nr. 30—37 veranschaulicht.

Bartsch hat bei seiner Beschreibung der nur in der Albertina vollständig erhaltenen Folge von Kriegsscenen nicht beachtet, dass sich auf dem ersten und grössten Blatt Nr. 22 am Zeltdach über dem Eingange das Wappen von Burgund befindet, wie es auch bei dem grossen Wappen Carls des Kühnen den Ehrenplatz über der Lilie des Helmzimiers einnimmt. Dass es gegenseitig erscheint, beruht offenbar nur auf einem Versehen des Stechers.) Darunter läuft eine Bordüre von vier Funken sprühenden Feuerstählen, welche ebenso deutlich auf einen burgundischen Fürsten, der Zeit nach also jedenfalls Carl den Kühnen, hinweisen, abwechselnd mit dem nun Baumstämmen gebildeten Andreaskreuz, das auf den Schutzpatron des burgundischen Hauses bezüglich, zu den Familien-Symbolen gehört, wie die als Beistücke der Kette vom goldenen Vliess allgemein bekannten Feuerstähle mit der Devise: »Ante ferit quam flamma micat«.) Das Andreaskreuz kommt auch auf der Brust eines Kriegers bei Nr. 26 vor. Es ist also wohl anzunehmen, dass diese Blätter Illustrationen zu einem der Feldzüge Carls des Kühnen, etwa zu dem Burgunderkrieg von 1473, bilden.

Wir haben somit den Meister W ♃ höchst wahrscheinlich in jener Künstlerschaar zu rechnen die am Hofe Carls des Kühnen thätig war und den Kriegsruhm dieses kunstsinnigen Fürsten durch bildliche Darstellungen seines Heeres und seiner Macht festzuhalten bestrebt war. Vielleicht ist sein Name in der langen Reihe jener Goldschmiede und

*) Auf dem Abdruck der Albertina ist das Burgunderwappen mit der Feder in ein anderes verwandelt.

*) Auch auf gleichzeitigen Miniaturen findet man am Zeltdach des Fürsten das Wappen von Burgund zwischen den Funken sprühenden Feuerstählen, z. B. in einem um 1459 für Philipp den Guten von Jean Miélot geschriebenen Manuscript der Bibliothèque nationale (Manuscrits, Fonds français Nr. 9087) auf dem Bilde, wo Bertrandon de la Brocquière dem ihm aus seinem Hauptquartier, dem Kloster Pottières, entgegengeschrittenen Philipp dem Guten die Koran-Uebersetzung und die Geschichte Mahomets überreicht, welche ihm der venetianische Consul in Damas gegeben. (Radirt von John Jacquemart in der Gazette des Beaux-Arts III. Période [1891] Tome V, p. 390.)

Gravure erhalten, die Graf de Laborde aus den alten burgundischen Archiven der Nachwelt gerettet hat.) Der Zeit nach kämen etwa in Betracht: Willem de Wenten in Brügge (1446 erwähnt), oder Jan de Wilde in Gent (1479) und Arnds van Willebeke ebenda (1481). Doch ist es ebensogut möglich, dass sich das W im Monogramm des Meisters auf seinen Vornamen bezieht, dem im fünfzehnten Jahrhundert eine grössere Bedeutung beigemessen wurde als heutzutage.) Und dann galten Kupferstiche für so untergeordnete Kunstleistungen, als dass es die Chronisten der Zeit Carls des Kühnen der Mühe für werth erachtet hätten, ihre Entstehung zu buchen und uns so die Identificirung bestimmter Künstlerindividualitäten zu ermöglichen.

Dafür ist keiner der Stiche des Meisters W ♃ und nur das Wappen Carls des Kühnen lässt sich aus weiter unten) angeführten burgundischen Gründen um 1467—1472 ansetzen. Der Künstler nimmt in den Niederlanden ungefähr dieselbe Stellung ein wie der Meister ES in Süddeutschland. Er scheint mit diesem noch annähernd gleichzeitig thätig gewesen zu sein und selbst technisch unter seinem Einfluss gestanden zu haben. Die Art seiner Stichelführung hat jedenfalls die grösste Verwandtschaft mit der des ES und der Umstand dass er eine Anzahl kleinerer Platten des Letzteren retouchirt und z. Th. mit seinem Monogramm oder Werkzeichen versehen hat, lässt sogar auf persönliche Beziehungen zu dem oberdeutschen Collegen schliessen. Wir werden darauf weiter unten zurückkommen.

Im Werke unseres Stechers sind die figürlichen Darstellungen im Allgemeinen seltener als die architectonischen, ornamentalen und kunstgewerblichen. Auch liebt er es, bei ersteren die architectonischen und ornamentalen Elemente mitzusprechen zu lassen, wie namentlich sein Hauptblatt der Stammbaum Mariae Nr. 1, die Madonnen Nr. 2 und 3, das Monogramm Jesu von Engeln gehalten Nr. 9 oder die Apostel Nr. 11—15 bezeugen. Seinen frühen Arbeiten, zu denen man wohl in erster Linie die unbezeichneten zu rechnen hat, mit Ausnahme des h. Franz Nr. 16, zeigen noch grosse Unbeholfenheit in der Zeichnung. Die merkwürdig in die Länge gezogenen eiförmigen Köpfe der Figuren, die der Künstler freilich auch später nicht ganz aufgiebt, erreichen hier den Höhepunkt der Uebertreibung. Man vergleiche die vier Madonnen Nr. 2—5, St. Quirin Nr. 19, SS. Agnes und Magdalena Nr. 20—21. Die Bildung der Extremitäten ist sehr dürftig, besonders Füsse und Hände puppenhaft und mit wenig Kenntniss der Lebensformen dargestellt. Am meisten Geschmack verräth noch der Falten-

*) Les Ducs de Bourgogne vol. I, p. 531, XIII.

*) Albert De Hammel signirt seine Stiche meist mit einem A und dem Meisterzeichen, Wenzel von Olmütz fast ausschliesslich mit einem W. Israhel van Meckenem zeichnete zwei Blätter mit einem J, etwa 10 mit seinem Vornamen Israhel, dann er in 46 anderen Fällen, wo er das M oder V M beifügt, voll ausschreibt, während keiner seiner zahlreichen Stiche mit einem blossen M monogrammirt ist oder die unserem heutigen Gebrauch entsprechende Bezeichnung J. v. Meckenem trägt.

*) Vergl. Nr. 44 des Katalogs.

2

worf, der minder eckig und knitterig als beim Meister ES, den Einfluss der grossen zeitgenössischen Maler in Flandern deutlich erkennen lässt. Bei einzelnen Verzeichnungen, z. B. auf den zwei Madonnen im Fenster Nr. 2—3, begreift man nicht, wie ein Künstler, der die h. Jungfrau auf dem Stammbaum Mariae mit soviel Anmuth auszustatten wusste und in die zahlreichen Männer- und Frauenköpfe auf demselben Blatt soviel Leben und individuelles Gepräge zu legen verstand, sich dermaassen von der Natur entfernen konnte. Gestalten wie der schon erwähnte h. Franciscus Nr. 16 sind dann freilich wieder von grosser Schönheit und mit unleugbarer Empfindung gezeichnet. Eine andere Eigenthümlichkeit des Meisters liegt namentlich in der sorzusagen „gichtischen" Bildung der Finger, die nicht nur an den Gelenken, sondern auch zwischen denselben merkwürdige Anschwellungen und Biegungen zeigen.

Ungeachtet seiner reichen Erfindungsgabe verschmäht es der Meister ☞ ⚓ aber auch nicht gelegentlich auf ältere Compositionen zurückzugreifen und sich selbst zu copiren, wie bei den Madonnen Nr. 3 und 5, die nur verkleinerte Wiederholungen von Nr. 2 und 4 sind, oder in den Kriegs- und Lagerscenen, wo bei Nr. 25 und 27 einfach die vordere Ritterreihe von Nr. 24 und 26 mit Hinzufügung der Helmzierden wiederholt ist. Eine wirkliche Abhängigkeit von älteren oder gleichzeitigen Stichen lässt sich aber nirgends nachweisen. Nur in seltenen Fällen zeigt sich der Künstler beeinflusst von Stichen des Meisters ES, so in dem segnenden Heiland Nr. 6 von dem grösseren Blatt B. 50, das die Folge der grossen stehenden Apostel eröffnet, oder bei dem Calvarienberg Nr. 8, dessen figurenreiche Composition unter dem Eindruck von P. 131 entstanden sein dürfte. Die beiden das Monogramm Jesu haltenden Engel Nr. 9 erinnern ein wenig an jene, welche auf der grossen Veronika P. 178 das Schweisstuch mit dem h. Antlitz fassen.

Umgekehrt haben einige Blätter des Meisters ☞ ⚓: Nr. 1, 33 und 37 den Illustratoren der Schedelschen Weltchronik und des Schatzbehalters als Vorlage gedient[9]) und das Wappen Carls des Kühnen Nr. 44 wurde schon 1480 in dem bei Johann Veldner in Utrecht erschienenen Fasciculus temporum benutzt.

Die zahlreichen Entwürfe für Kirchengeräth: Bischofsstab, Rauchmantelagraffen, Monstranzen, Pokal und Rauchfass (Nr. 69—76), sowie die Wappenschablonen (Nr. 40—43) und Ornamente (Nr. 45—52) lassen vermuthen, dass der Künstler der Zunft der Goldschmiede angehört habe, und seine architectonischen Aufrisse von Kapellen, Altären, Baldachinen, Brunnen, Fensterrosen etc. (Nr. 53—68) bestätigen diese Annahme eher, als dass sie ihr widersprächen, denn ihre nadelartig dünnen Säulen, ihr überzierliches Maasswerk konnten unmöglich einem Architecten als Vorlage für Steinconstructionen dienen, sondern liessen sich, wenn dies über-

haupt möglich, nur in Edelmetall oder allenfalls in Holz übersetzen. So glaube ich namentlich, dass die Nischen und Kapellen Nr. 53—56 (Nr. 57—60 sind ja deutlich Altäre) lediglich als Hintergründe für Statuetten gedacht sein können, wie wir sie bei den Madonnen Nr. 2 und 3 oder den Aposteln Nr. 11—15 thatsächlich angewendet finden.

Die Stichweise des Meisters ☞ ⚓ ist, wie schon gesagt, derjenigen des Meisters ES nahe verwandt. Er führt den Stichel schwungvoll und mit grosser Sicherheit. Einen Fortschritt gegenüber dem Meister ES zeigt seine Technik hauptsächlich darin, dass er an Stelle der geraden, im stumpfen Winkel aneinander stossenden Schraffirungen vielfach bereits gekrümmte Taillen anwendet und zwar häufiger in seinen architectonischen Entwürfen, wo es ihm auf Rundung der Nischen und Wölbungen ankommt, als im Faltenwurf der Figuren. Er betont die Schattenpartien stark und hebt die Lichter hell hervor. Verbunden mit dem tiefen Schwarz seiner Druckfarbe erzielt er dadurch in frühen Abdrücken eine sehr malerische Wirkung, die er durch Horizontalstrichelung der Uebergänge vom Licht zum Schatten in effectvoller Weise zu steigern weiss.

Eine gewisse Anzahl seiner Blätter wie namentlich Nr. 22—29, 36, 37, 46, 47, 51 und 62, zeigt eine flüchtigere Behandlungsweise, deren zeichnerischer Character einige Ikonographen wie Passavant und Nagler zu der irrigen Meinung verleitet hat, er sei der Erfinder der Radirkunst. Man hat von den Kriegs- und Lagerscenen Nr. 22—29 namentlich, als seien Radirungen. Davon kann jedoch nicht die Rede sein, denn gerade bei dieser Folge bemerkt man stets das characteristische spitze Zulaufen der Grabstichellinien. Schwieriger liegt die Frage, ob es sich bei den Baldachin Nr. 62 oder den gothischen Blättern Nr. 46 und 51 nicht um Arbeiten mit der kalten Nadel handelt, da nicht bloss mitunter deutliche Spuren von Grat zeigen. Indessen möchte ich eher glauben, dass diese Arbeiten auf einem weicheren Material als Kupfer, etwa auf Zinn ausgeführt sind, dessen Oberfläche dem scharf zugespitzten Stichel nur geringen Widerstand entgegensetzte.

Mit grösserem Recht kann man aber den Meister ☞ ⚓ als den Vater der Retouche betrachten, d. h. als den Erfinder der Kunst, gestochene Platten durch Ueberarbeitung und durch Hinzufügen neuer Schraffirungen in abdruckfähigem Zustand zu erhalten, ein Verfahren, das später Lexahel van Meckenen zu grosser Virtuosität auszubilden wusste, während die primitiven Stecher, namentlich die Meister der Spielkarten und der Meister ES ihre Platten allem Anschein nach nicht selbst retouchirten.[11]) Bei der grossen Seltenheit der Stiche des Meisters ☞ ⚓ war es mir nur in fünf Fällen[12]) möglich, zwei Plattenzustände festzustellen, in dem einen überzeugt,

---

[9]) Vielleicht hat dies zu der Sage Anlass gegeben, der Meister ☞ ⚓ sei der Lehrer Michel Wolgemuts.

[11]) Die von Stichen dieser Künstler existirenden retouchirten Abdrücke wurden nicht von ihnen selbst, sondern erst von späteren Besitzern der Platten hergestellt.

[12]) Nr. 2, 14, 16, 53, 62.

dass es mit Hilfe der dieser Arbeit beigegebenen Lichtdrucke noch bei einigen anderen Blättern möglich sein wird, frühere oder spätere Zustände zu erkennen.

Wie schon oben bemerkt, hat der Meister ✶ aber nicht nur seine eigenen Arbeiten retouchirt, sondern auch eine grössere Anzahl von Platten des Meisters ES in ziemlich grober Weise aufgestochen und meist mit seinem Werkzeichen, in einzelnen Fällen sogar mit seinem vollen Monogramm versehen. Wie er in den Besitz dieser bereits stark abgenutzten Platten gelangte, ob auf Grund persönlicher Beziehungen zu dem vielleicht mittlerweile verstorbenen oberdeutschen Künstler, wird sich wohl niemals feststellen lassen. Thatsache ist, dass die in dieser Weise retouchirten Abdrücke von Bartsch und Passavant meist nicht als solche erkannt, sondern für Copien nach dem Meister ES oder für selbständige Arbeiten gehalten wurden. In einem Fall, bei dem Ornament mit der Distelblüthe B. 113 hat Bartsch bereits den Sachverhalt richtig festgestellt. Er beschreibt aber vol. VI. p. 53 und ff. sechs andere Blätter, die er einem im Peintre-Graveur dem Meister ✶ vorangestellten und nicht mit diesem zu identificirenden Monogrammisten ✶ zuweist, einem muthmaasslichen Schüler des Meisters ES, nach dem er die wilde Frau mit dem Einhorn B. 93 [15] copirt habe und nach dessen Stichen wahrscheinlich auch die anderen fünf Blättchen gefertigt seien. [16] Vou all diesen sechs Stichen sind unretouchirte Abdrücke des Meisters ES ohne das Zeichen ✶ bekannt und B. 2: die Wappen-Dame L. 14. 12. trägt auch im retouchirten Zustand kein Zeichen, wiewohl Bartsch richtig die Hand seines »Monogrammisten ✶« darin erkannte. Im Werk des Meisters ✶ beschreibt er dann unter Nr. 23 noch ein siebentes Blatt, weil es mit dem Zeichen ✶ versehen ist. Auch dieses erweist sich als retouchirter Etat des Ornamentes B. 112 vom Meister ES. Passavant hat ebenfalls den vermeintlichen ES-Schüler ✶ in seinen Peintre Graveur [17] aufgenommen und das Werk desselben um zwei Blatt vermehrt, von denen mir bisher nur an einem, dem Ornament mit dem Reiher P. 8 der I. Etat vom Meister ES (B. 110) bekannt wurde. Unter den Stichen des Meisters ✶ beschreibt er zwei weitere Blätter: Nr. 56 und 57 mit vollem Monogramm [18], welche retouchirte Zustände der Ornamente B. 112 und P. 97 sind.

Da ich selbst noch in meinen „Spielkarten“ [19] die retouchirten Plattenzustände als Copien nach Nr. 1, 2, 3, 7

---

[13] Die Thier-Dame des kleineren Kartenspiels, L. 13, 3.
[14] Schon vor Bartsch kannte sich Sixtt (Dictionary p. 407) in demselben Sinne. Er citirt die mit ✶ bezeichneten Stiche zusammen mit den ✶-Stichen, sagt aber, sie seien darber gestochen und älter. Auch Renouvier spricht sich (Histoire p. 179) mit Entschiedenheit gegen die Identificirung beider Stichergruppen aus und schebte im Anschluss an Bartsch die Blätter mit dem Zeichen ✶ nur für Arbeiten eines deutschen Copisten angesehen wissen.
[15] Vol. II, p. 80—81.
[16] Das erste davon identisch mit B. 23.
[17] Die Aeltesten deutschen Spielkarten des Kgl. Kupferstichkabinets zu Dresden p. 12.

---

und 12 des kleineren Kartenspiels vom Meister ES aufgeführt haben. Wir werden die Identität der Platten aber später erkannte und nunmehr ausser den 10 von Bartsch und Passavant beschriebenen Aufstichen noch andere namhaft machen kann, gebe ich am Schluss ein genaues Verzeichniss aller mit Angabe der Fundorte beider Etats eines jeden. Diese Aufstellung mag zugleich als Erweiterung und Berichtigung meines Verzeichnisses der vom Meister ✶ retouchirten Ornamentstiche des Meisters ES im Kunstfreund [18] dienen, wo ich den Stecher mit dem Zeichen ✶ nach Bartsch' und Passavants Vorgang noch nicht mit dem Meister ✶ zu identificiren wagte.

Das Monogramm des Künstlers hat meist die Form ✶ und steht völlig regellos bald oben bald unten, in der Mitte, links oder rechts, je nachdem die Darstellung einen geeigneten Platz dafür bietet. Oft sind der Buchstabe ✶ und das Zeichen ✶ links und rechts vertheilt und weit auseinander gerückt. In einem Fall, bei Nr. 31, steht das Werkzeichen über dem ✶, und zweimal findet sich die abweichende Form: ✶ Nr. 51) oder ✶ (Nr. 66). Zwanzig Blatt (Nr. 4—7, 10, 16, 18—21, 28, 29, 36, 37, 40—44 und 47) sind unbezeichnet.

An Wasserzeichen finden sich zumeist die verschiedenen Formen des gothischen p [19] und zwar mit der Blume (Nr. 1, 2, 11, 14, 38, 37, 42, 57, 58, 70, 75, 77), ohne Blume (Nr. 8, 12, 19, 22, 55) und mit dem Kreuz (Nr. 64). Ferner ein kleiner Ochsenkopf mit Stange und Stern, der sich durch seine schmalere Form und den stark markirten Nasenrücken wesentlich von dem ähnlichen oberdeutschen Wasserzeichen unterscheidet (Nr. 11, 15, 50, 51, 54, 56, 64) [20], der Krug mit dem Kreuz (Nr. 18 und 49), der Kelch mit der Hostie (Nr. 37), ein Kreuz auf breitem Fuss (Nr. 44), die vierblättrige Blume am Stiel (Nr. 59), ein schreitender Hund oder Löwe (Nr. 32), ein Delphin? (Nr. 58) und das zweithürmige Thor (Nr. 63). Endlich findet sich das Burgunderwappen (Nr. 54), ein Lilienwappen (Nr. 53 und 76), ein mehrerer Schild mit sechsachtblättriger Blüthe im Kreis (Nr. 67) und ein undeutliches Wappen (Nr. 76) [21].

In dem nachfolgenden Verzeichnisse sei noch bemerkt, dass die von Bartsch und Passavant im Werk des Meisters ✶ nicht aufgeführten 28 Blätter mit einem Sternchen hinter der Ordnungsnummer bezeichnet sind, und dass die Hälfte der Numerirung des Verzeichnisses der Uebersichtlichkeit wegen

---

[17] Jahrgang 1895, Sp. 241 u. ff.
[18] Das gothische p kommt auch in den vom Meister ✶ retouchirten Abdrücken der am Schluss verzeichneten Stiche des Meisters ES mehrfach vor, nämlich in den Berliner Exemplar von P und dem Braunschweiger von P.
[19] Auf dem Lichtdruck Nr. 64 ist über Wasserzeichen oben rechts von der Spitze des Baldachins deutlich erkennbar.
[20] Da in die meisten Sammlungen, namentlich in den grossen Kabinetten von Berlin, London, Paris und Wien eine Untersuchung der Blätmeilen durch die Art der Montirung der Stiche unmöglich gemacht wird, bedarf diese Aufzählung der Papierzeichen natürlich sehr der Ergänzung.

bei den Lichtdrucken beibehalten ist, so dass unter den
Letzteren die Nr. 35 fehlt, weil es mir trotz aller Bemühungen
nicht möglich war, die Erlaubniss zur Reproduction dieses einen
Stiches vom Besitzer, Graf Maltzan in Militsch, zu erwirken.

Bei Aufstellung des Werkes habe ich mich an dasselbe Schema gehalten, nach welchem ich seinerzeit jenes
des Wenzel von Olmütz[21]) abgefasst hatte. Nur glaubte
ich von umständlichen Beschreibungen Abstand nehmen zu
können, da die vorliegende Publikation, wie jene über den
Meister der Liebesgärten[22]) und den Meister des Haus-
buches[23]) Reproductionen sämmtlicher Stiche des Künstlers
enthält. Was die Lichtdrucke nicht erkennen lassen: Maasse,
Wasserzeichen, Defecte und Restaurationen, ist gewissenhaft
im Text vermerkt. Zur Reproduction wurden, wo mehrere
Exemplare vorhanden, stets die besten Abdrücke gewählt,
und zwar: Nr. 69b in Amsterdam (Rijksprentencabinet),
Nr. 53 in Bautzen (v. Geradorff'sche Bibliothek), Nr. 1,
31, 33, 40—43, 55, 57, 59, 76, 77 in Berlin (K. Kupferstichkabinet), Nr. 16 und 44 in Brüssel (Bibliothèque
royale), Nr. 20 in Cambridge (Fitzwilliam-Museum), Nr. 3
ebenda (University-Library), Nr. 14, 37, 47, 54, 59, 61—63,
72, 73 in Dresden (K. Kupferstichkabinet), Nr. 38, 64,
70 ebendort (Sammlung König Friedrich August II.),

---

[21]) Wenzel von Olmütz. Dresden 1889.
[22]) Der Meister der Liebesgärten. Dresden 1893.
[23]) Der Meister des Amsterdamer Kabinets (Internationale Chalko-
graphische Gesellschaft 1893—1894).

Nr. 17 in Frankfurt a. M. (Städelsches Kunstinstitut),
Nr. 23 und 51 in Köln (Museum Walraff-Richartz), Nr. 4,
10, 11, 15, 74 in London (British Museum), Nr. 34 und
52 in Mailand (Biblioteca Trivulziana), Nr. 12, 19, 21
in München (K. Kupferstichkabinet), Nr. 6 in Nürnberg
(Germanisches National-Museum), Nr. 8, 22, 30, 45, 48—50,
60, 66—68 in Paris (Bibliothèque nationale), Nr. 2 in
Sigmaringen (Fürstlich Hohenzollern'sches Museum), Nr. 5,
7, 24—29, 36, 39, 69a, 75 in Wien (Albertina), Nr. 9,
18, 18, 32, 65, 71 ebenda (K. K. Hofbibliothek) und
Nr. 46 und 56 ebendaselbst (K. K. Oesterreichisches Museum
für Kunst und Industrie).

Den Vorständen der genannten Kabinette wie den
Besitzern der Privatsammlungen, welche diese Publikation
durch Darleihung der werthvollen Originale oder durch Er-
theilung der Erlaubniss zu ihrer Nachbildung ermöglichen
halfen, spreche ich hiermit meinen aufrichtigsten Dank aus.

Im Allgemeinen wurden die Lichtdrucke thunlichst in
Grösse der Originale hergestellt, doch waren bei der
Schwierigkeit, die zahlreichen Stiche an neun zum Theil
weit en egenen Orten durch ebensoviel verschiedene Photo-
graphen aufnehmen zu lassen, kleine Abweichungen von
einigen Millimetern unvermeidlich. Erheblich ist der Unter-
schied nur bei Nr. 68, wo der Lichtdruck, wie ich leider
erst nach Drucklegung der Tafel bemerkte, in der Höhe
um 34 mm und in der Breite um 18 mm kleiner ist als
das Original.

VERZEICHNISS

DER KUPFERSTICHE

DES MEISTERS W A

I. Der Stammbaum Mariae. 415 : 270 mm. Bl. R. VI.
58. 13. Autotypie von der Autotype-Company Nr. 356.
(London.) Lichtdruck in Prints and Drawings in the
British Museum Part III. Pl. XII. Lichtdruck im
Kat. Börner XXXVII (Berlin).
Auct. Barnard (London 1798) zusammen mit
B. 19:15 sh. Delbecq (Paris 1845) 281 fr. v. Quandt
(Leipzig 1860) 101 Thlr. an Graf York. Börner's
Auct. XXXVII (Leipzig 1884) 7600 Mk. an das
Berliner Kabinet. Gutekunst's Auct. XLIV. (Stutt-
gart 1892) 825 Mk. ringsum stark ergänzter oben im
Bogen ausgeschnittener Abdruck, W. p mit Blume.
Berlin. (1886. W. p.) **London.** (1859,ungleichmässig,
das Monogramm ausradiert. S. Fadallo.) **Klein-Oels,**
S. Graf York v. Wartenburg (1860 SS. Delbecq und
v. Quandt. W. p). **Paris.** (ringsum, besonders oben
verschnitten, unklar und unrein.) **Wien,** Albertina.
(gering, etwas verschnitten und schlecht erhalten, mit
Federretouchen in den Haaren. W. p mit Blume.)

Renouvier[1] erwähnt neben dem Pariser auch ein
Exemplar in Amsterdam, wo sich jedoch nur die späte
Copie befindet. Dagegen sah ich 1889 einen sehr
matten und schlechten Abdruck, links bis an das A von
Aaron und unten, bis an die Stufe verschnitten, in einem
Klebeband aus Privatbesitz in Stadtarchiv zu Lüttich.[2]

Der Alphaeus ist in Schedel's Weltchronik (Fol. XL
recto der deutschen Ausgabe) als Boos III. copirt.[3]

Ia. Copie. 265 : 174 mm. Bl. Willshire, Cat. II. 86. G. 90.
Repert. f. K. XV. 135. (199a.)
Amsterdam. London. (auf drei Seiten verschnitten und
ohne die oberen Ecken.) **Paris.** (links etwas verschnitten.)
* Niederländische Arbeit um 1550 mit vielen Ver-
änderungen.

2. Die Madonna mit dem Apfel im Fenster. 215:127 mm.
Bl. P. II. 280. 33. Repert. f. K. XVII. 361. 58.
Lichtdruck in Prints and Drawings in the British
Museum Part III. Pl. XI.

[1] Histoire p. 179.
[2] Der Band in Gr.-Quar-Fol. enthielt noch drei ausserordentlich
schöne Silberstiftzeichnungen des XV. Jahrhunderts und 79 Studien und
Zeichnungen von Lambert Lombard.
[3] Auch fol. X verso als Lamech. Vergl. v. Loga im Jahrbuch der
Preuss. K.-S. XXI. p. 227.

I. Vor der nach rechts geneigten Schraffirung an der
Schmalseite des Fusses der Säulen links und an
der beschatteten Breitseite jener rechts, welche die
erste nach links geneigte kreuzt. Vor der kurzen
Horizontalschraffirung an der linken (beschatteten)
Seite der vier Säulen und vor der vertikalen in den
beiden Fensterrahmen links.

Sigmaringen. (schwacher Abdruck mit unten
sichtbarem Plattenrand, W. p mit Blume.)

II. Mit diesen und anderen Retouchen. Die zarten nach
links geneigten Kellstrichelchen über dem zweiten
Fenster links sind durch derbe vertikale ersetzt,
auch im Fleisch viele Punktirungen, z. B. an der
linken Seite der Stirn Mariae etc. hinzugefügt.

London. (1845, etwas verschnitten.)

Nach den sehr unbehelfenen Zeichnung ist dies
noch eine frühe Arbeit des Meisters. Besonders
die rechte Brust der h. Jungfrau ist viel zu klein
und setzt ganz falsch an, so dass sie fast aus
dem Hals zu wachsen scheint. Vergl. meine Bemerkungen im Repertorium, wo ich leider die
Verschiedenheit der Plattenzustände noch nicht bemerkt hatte.

3. Die Madonna mit dem Apfel im Fenster. Verkleinerte
Wiederholung von Nr. 2 ohne das Ausblick in's Freie
durch die Fenster. Maria blickt nicht auf das Kind,
das sein Köpfchen etwas weniger nach vorn wendet,
sondern rechts abwärts. Das Monogramm steht oben
zu beiden Seiten der den Mittelbogen flankirenden
Fialen. 106 : 63 mm. P. II. 280. 34. Heliogravüre
bei Bradshaw, Collected Papers Pl. 8. (Cambridge.)
Cambridge, University Library. **Dresden,** Kgl.
Bibliothek.

Passavant beschreibt dies interessante Blättchen nur
nach Heinecken.[1] Henry Bradshaw[2] fand einen Abdruck auf der Universitätsbibliothek zu Cambridge im
Winterthell eines Breviarium ecclesiae Trajectensis in
16mo, gedruckt 1514 zu Paris für Henr. Eckert van
Homberch, Buchhändler zu Antwerpen. Das Buch,
aus der der Universität 1715 von König Georg ge-

[1] Neue Nachrichten I. 386. 3.
[2] Collected Papers, Cambridge 1889 p. 254.

schenkten Bibliothek des Bischofs Moore stammend, gehörte ursprünglich den Hieronymiten oder Brüdern des gemeinsamen Lebens in Kloster Hulsberg in Geldern unweit Zwolle. Bradshaw legt diesem Umstand besonderen Werth für die Heimathsangehörigkeit der in dem Brevier gefundenen Stiche bei.[1] Die Madonna ist gleichzeitig, also jedenfalls bald nach 1514, in das Buch eingebunden und bildet Blatt 19 a.

Ich entdeckte 1886 ein zweites Exemplar, leider oben verschnitten und daher ohne Monogramm in einer Papier-Handschrift der Dresdener Bibliothek (M 291), welche ebenfalls niederländischer Provenienz ist und von einer Nonne: Ghese ten Broeke im Kloster Zelwert (bei Noordwijk, Provinz Groningen) herrührte. Der Stich findet sich, an drei Seiten von einer gemalten Bordüre umgeben, auf einem Pergamentblatt p. 192 verso. Er ist sorgfältig mit Blau, Carmin, Zinnober, Grün, Gelb, Rosa und Lichtbraun illuminirt und an einigen Stellen vergoldet. Die im Stich fehlenden Nimben sind mit Blattgold aufgesetzt, und eine Zinnober-Bordüre umgiebt den Stich. Die Handschrift enthält auf p. 6 und 260 verso noch zwei mit denselben Farben colorirte Stiche des niederländischen Meisters S.
— Heinecken muss nach seinen Maassangaben ein anderes Exemplar als das Dresdener gekannt haben, welches nur 94:63 mm Bl. misst.

4.* Die Madonna mit dem Kind, das die Weltkugel hält. 225:123 mm Bl. Unbezeichnet P. II. 84. 15.

London. (1845 etwas restaurirt und auf drei Seiten ein wenig verschnitten.) München. (oval ausgeschnitten.)

Evans[2] schreibt das Blatt dem Meister ES, Passavant dessen Schule zu. Willshire[3] hält den Stich zwar irrthümlich für unbeschrieben, weist ihn aber richtig dem Meister W ♣ zu. Das langgezogene Oval des Gesichts, die sehr langen Hände der Madonna, der niederländische Typus des Kindes und die feine und zarte technische Behandlung sprechen deutlich für die Urheberschaft dieses Künstlers. Ein Vergleich mit der Madonna im Fenster Nr. 2 bezeugt liesser als Worte die Identität des Stechers. Schon Waagen[4] erklärt das Blatt mit Entschiedenheit für altflämisch.

Der Münchener Abdruck wurde nicht, wie Passavant meint, von der später in eine ovale Form gebrachten Platte gedruckt, sondern er ist oval ausgeschnitten und in modernes Papier eingelassen.

5.* Die Madonna mit dem Kind, das die Weltkugel hält. auf der Mondsichel. Verkleinerte Wiederholung von Nr. 4 ohne die Punkte am Halssaum und ohne die

---

[1] Zwei andere: Die Geburt Christi und 6. Barbara sind bereits Arbeiten des XVI. Jahrhunderts.
[2] Additional notes to Bartsch 285.
[3] Cat. II. 295. J. 94. Vergl. Kunstfreund 1885. Sp. 245. c.
[4] Treasures I. p. 369.

Ueberschuhe der Madonna, die auf der Mondsichel steht. Der Boden ist dicht mit Rasen und Blattpflanzen bedeckt, unter denen rechts eine besonders hohe aufragt. Einfassungslinie. Unbezeichnet 102:64 mm Pl. B. X. 13. 7. P. II. 84. 11.

Wien, Albertina.

Bartsch führte den Stich bei den Anonymen, Passavant unter den Arbeiten der Schule des Meisters ES auf. Ich wies ihn schon im Kunstfreund von 1885 (Sp. 245. a.) dem Meister W ♣ zu. Die Arbeit scheint später als die grössere Darstellung Nr. 4 entstanden. In der Plattengrösse stimmt sie ziemlich genau mit den ebenfalls unbezeichneten Stichen Nr. 7 und 21 überein.

6.* Der segnende Heiland. 94:40 mm Bl. Unbezeichnet. Unbeschrieben.

Augsb. Freund (Stuttgart 1884) 30 Mk. an Levi in Wiesbaden, 1893 durch L. Rosenthal in München für 150 Mk. an das Germanische Museum.

Nürnberg. (1893, matt und silhouettirt.)

Die in modernes Papier eingelassene Figur stand ursprünglich vielleicht vor einem Teppich oder einer Mauer, worauf zwei über Christi Scheitel befindliche Horizontallinien zu deuten scheinen. Ob der Strich ursprünglich monogrammirt war, lässt sich natürlich nicht mehr feststellen.

Der segnende Heiland vom Meister ES B. 50 aus der Folge der grossen Apostel scheint nicht ohne Einfluss auf dies kleine Blättchen geblieben zu sein. Dafür spricht einerseits die Fussstellung, der gequaderte Boden und das Motiv des hinter der Weltkugel aufgehobenen Mantels, andererseits die mit Perlen und Edelsteinen besetzte Bordüre des Leteieren in der bei Meister ES so oft vorkommenden Anordnung.

7.* Der segnende Heiland. 102:67 mm Pl. Unbezeichnet. B. VI. 286. 219.

Wien, Albertina.

Bartsch beschreibt dies anmuthige Blättchen im Werk Israhels van Meckenem. Die Arbeit gehört aber unzweifelhaft dem Meister W ♣ an.

8. Der Calvarienberg. 160:128 mm Einf. P. II. 280. 32. Paris. (mittelmässig. W. p ohne Blume.)

Diese figurenreiche Darstellung steht sichtlich unter dem Eindruck des etwa gleich grossen Calvarienberges vom Meister ES (P. II. 53. 131. und 222. 83.) ohne dass eine Abhängigkeit im Einzelnen erkennbar wäre. Bemerkenswerth ist ferner die K-ähnliche Schreibweise des Buchstabens R im Titulus des Kreuzes, wie sie auch auf den beiden Calvarienbergen eines anderen Niederländers, des Meisters von Zwolle (B. 5 und 6) wiederkehrt.

9. Das Monogramm Jesu von zwei Engeln gehalten. 127:139 mm Einf. 129:146 mm Bl. B. VI. 59. 14.

Wien, Hofbibliothek.

Die beiden Engel scheinen unter dem Eindruck derjenigen von der grossen Veronika des Meister ES P. 178 entstanden zu sein.

10.* St. Petrus. 91 : 49 mm Bl. Unbezeichnet. Unbeschrieben.

Auct. Maberly (London 1851) 10 sh. am Leith. Bammeville (London 1854) 1 sh. an Tiffin.

London. (schöner Abdruck mit oben gerundeten Ecken. 1859 aus den SS. Maberly, Bammeville und Drugulin.)

Willshire hat diesen, wahrscheinlich zu einer verschollenen Apostelfolge gehörigen sehr charakteristischen Stich des Meisters nicht in seinen Katalog aufgenommen, sondern bei den Niederländern des sechzehnten Jahrhunderts belassen. wo ich ihn 1893 fand. Im Kat. Maberly (Nr 345) wird er dem Meister ES zugeschrieben und im Kat. Bammeville (Nr. 317) als in der Manier Israhels van Meckenem aufgeführt.

11—15. Die zwölf Apostel. 5 Blatt aus einer Folge. B. VI. 56. 1—12 Repert. f. K. XIV. 395 bei 160.

11. Petrus. 230 : 113 mm Bl.: Pl. B. VI. 57. 1. und 308. 172. Photographie in Gutekunst's Perlen mittelalterlicher Kunst Nr. 75. Heliogravure in Prints in the British Museum. New Series Part II. Pl. XVIII.

Frauenholz' Auct. VI. (Nürnberg 1797) 25 fl. 1 kr. Fries (Amsterdam 1824) 36 fl., jetzt im British Museum. Sternberg-Manderscheid (Dresden 1838) 211 Thlr. Paar (London 1854) zusammen mit B. 6. R. Weigel's Kunstlagerkatalog (Leipzig 1855) Nr. 20257 : 60 Thlr. Gutekunst't Lagerkatalog V (Stuttgart 1866) Nr. 751 : 120 fl. Gutekunst'n Lagerkatalog VII (Stuttgart 1867) Nr. 2337 : 250 fl. Auct. im Hôtel Drouot (Paris 1869) 900 fr. an Rochoux.

Frankfurt a. M. (1864 von Prestel). **Goluchów,** S. Gräfin Dzialynska (von Artaria). **London.** (prachtvoller Abdruck 1845. S. Fries.) **Paris.** (oben etwas verschnitten.) **Paris.** S. v. Rothschild (1879 von Clément. W. p mit Blume). **Wien.** Hofbibliothek (W. kleiner Ochsenkopf), v. Murr[10]) sah ein Exemplar im Kabinet Silbernad zu Nürnberg.

12. Andreas. 227 : 113 mm Pl. B. VI. 57. 2. Dutuit, Manuel V. 164. 2.

London. (mittelmässig und ohne die vier Ecken.) **München.** (in der Mitte horizontal durchgerissen und wieder zusammengeklebt.) **Paris.** (etwas verschnitten. W, p ohne Blume.) **Wien,** Albertina (die Stelle mit dem W oben links ist herausgerissen.) Dieser Bartsch

---

*[10]) Journal zur Kunstgeschichte II. p. 228.

---

unbekannte Apostel ist zuerst von Dutuit nach dem Pariser Exemplar beschrieben.

13. Johannes. 226 : 113 mm Pl. B. VI. 57. 4. und 308. 173. Auct. Lloyd (London 1925). 19 sh.

London. (gering, restaurirt und etwas verschnitten.) **Wien,** Hofbibliothek.

14. Jacobus minor. 228 : 114 mm. Pl. B. VI. 57. 9. Dutuit, Manuel V. 165. 11. und VI. p. 674. Photographie bei Braulliot, Copies photographiques (München) Photographie von Braun Nr. 194 (Dresden). Lichtdruck bei Gruner, Dekorative Kunst Taf. 11. (Dresden) Lichtdruck in Prints and Drawings in the British Museum Part. III. Pl. XII.

1. Vor der nach links geneigten Schraffirung unter dem linken Fuss des Apostels und vor der nach rechts geneigten über dem Fenster, sowie vor der nach links geneigten unten links am Gewand.

London. (1845, nicht hervorragend und vielfach eingenäscht.)

11. Mit diesen Retouchen.

Auct. Silvestre (Paris 1810). 76 fr. mit vier anderen Blättern.

Berlin. (1891 von Murray in London.) **Dresden.** **London.** (S. Sloane.) **München. Paris. Wien,** Hofbibliothek. (S. Sloane.)

Dutuit beschreibt den Apostel als Judas Thaddäus nach dem irriger Weise als »B. 11« bezeichneten Pariser Exemplar und hält ihn für unbeschrieben, obwohl er nachträglich auf die grosse Aehnlichkeit mit dem ihm vermeintlich unbekannten Apostel B. 9 hinweist.

15. Bartholomaeus. 225 : 111 mm. Pl. B. VI. 57. 6. Lichtdruck in Prints and Drawings in the British Museum. Part III. Pl. XI.

Auct. Cerroni (Wien 1827) 20 fl. 1 kr. an die Albertina.[11]) Paar (London 1854) zusammen mit B. 1. R. Weigel's Kunstlagerkatalog (Leipzig 1855). Nr. 20258 : 60 Thlr. **Goluchów,** S. Gräfin Dzialynska (von Delisle) **London.** (1845 schöner Abdruck, die oberen Ecken ergänzt.) **Paris. Wien,** Albertina (1827 S. Cerroni. W, kleiner Ochsenkopf mit Stange und Stern). **Wien,** Hofbibliothek.

Bartsch kannte nur vier Apostel. Petrus, Johannes, Bartholomaeus und Jacobus minor. Seither ist nur noch ein fünfter: Andreas, bekannt geworden, und da von diesen fünf Aposteln immer gleich mehrere Exemplare erhalten sind, kann man wohl annehmen, dass die sieben anderen gar nicht gestochen wurden

---

*[11]) Im Kat. Cerroni (No. 4444) wird der Apostel als »Jacobus minor B. 9« aufgeführt, während im Bartsch der Albertina als Provenienz »Vente Cerroni« angegeben ist. Wo der Irrthum steckt, vermag ich nicht nachzuweisen.

16.* Die Stigmatisirung des h. Franciscus. 74 : 48 mm.
Einf. Unbezeichnet. P. II. 268. 36 und Cop. s. Repert. f. K. XV. 490. 11.

 I. Vor dem Kahn mit dem rudernden Mann ganz rechts unter dem Felsen im Grunde und vor der Querschraffirung am Boden zwischen dem Gewand des Heiligen und der Pflanze links.
 Auct. Detmold (Leipzig 1857). 17 Thlr. 5 Ngr. durch Börner an das Berliner Kabinet.
 Berlin. (etwas verschnitten. S. Detmold.)
 II. Mit diesen Retouchen.
 Auct. Camberlyn (Paris 1865). 205 fr. an die Bibliothèque Royale in Brüssel.
 Brüssel. (sehr schöner Abdruck mit Spuren von Gelbbraun. S. Camberlyn.)
 Vergl. meine Bemerkungen im Repertorium, wo nur die Verschiedenheit der Plattenzustände nicht erwähnt ist.

16a. Gegenseitige Copie. 79 : 48 mm. Einf. Willshire, Cat. II. 87. G. 87. Repert. f. K. XVI. 36. 52.
 Braunschweig. London.
 Kräftig gestochenes Blättchen, das Willshire bei den Anonymen beschreibt, da er das Vorbild nicht kannte.

16b. Gegenseitige Copie von Israhel van Meckenem. 75 : 43 mm. Einf. B. VI. 280. 225. P. II. 195. 225. Jahrbuch der Preuss. K.-S. XIV. p. 81.
 Berlin. Bologna. Dresden. Paris. Wien, Albertina. Wien, Hofbibliothek.

16c. Gegenseitige Copie des XVI. Jahrhunderts. Das Crucifix ist dem Heiland zugeneigt, und Christus hat einen Kreuz- und Scheibennimbus. Vor dem Beutelbuch sind ganz rechts mehrere Grashüschel und in der Luft neun Vögel hinzugefügt. 75 : 50 mm. Einf. Unbeschrieben.
 London.
 Mittelmässige Blättchen mit Spuren von Farbe.

16d. Gegenseitige Holzschnitt-Copie mit etwas veränderter Landschaft. Der Heilige hat einen Nimbus und links . kniet eine anbetende Nonne. Im Unterrand zwei Zeilen xylographischer Text: Ghepreni te bruccl ten etc. 77 : 57 mm. Einf. mit dem Schriftrand.
 Brüssel, Bibliothèque Royale (II Nr. 1561).
 Der Holzschnitt klebt in einem 1894 von einem Händler in Brüssel erworbenen Bändchen mit zwei Druckwerken und Manuscripten, und zwar auf der Rückseite des Titels von: »De imitatione Christi« Paris, Jehan Petit 1501. Die laut Unterschrift in Brüssel gedruckte Holzschnitt-Copie kann als ein neuer Beleg für die flämische Provenienz des Urbildes gelten.

17. St. Johannes Baptista. 148 : 64 mm. Pl. P. II. 260. 35. Repert. f. K. XIV. 395. 151. Auct. Ottley

(London 1837) 1 Lstr. 19 sh. an Harzen, Hawkins (London 1850) 1 Lstr. 6 sh. an Weber.
 Frankfurt a. M. (88. Ottley und Hawkins.)

18.* St. Martin. 226 : 110 mm Hl. Unbezeichnet. B. X. 25. 45. P. II. 187. 42. Nachstich von Sawyer jun. 241 : 125 mm Pl. nach dem Abdruck der S. Lloyd.[17])
 Auct. Dowdeswell (London 1820), Lloyd (London 1825). 1 Lstr. 3 sh.
 Berlin. (1862 von Clément in Paris erworben, ringsum stark verschnitten.) London. (1845.) Paris. Wien, Hofbibliothek (mittelmässig, W. Krug mit Kreuz).

 Frühe Arbeit des Meisters, die in der Zeichnung noch etwas dürftig ist. Auch der Umstand, dass der Heilige das Schwert in der Linken hält, lässt auf geringe Vorübung des Stechers schliessen. Charakteristisch ist die eigenthümlich »gichtische« Handbildung, wie sie auch auf dem h. Quirin (Nr. 19) bemerkbar ist. Man vergleiche ferner die Krüppelgestalten auf beiden Stichen und die nach oben geschweifte Bodenschraffirung ohne Querlagen mit der auf dem Johannes Baptista (Nr. 17), der h. Magdalena (Nr. 21) u. s. w. Da sie hier rechts von dem Bettler nicht fortgeführt wurde, scheint der Stich nicht ganz vollendet.

 Bartsch beschreibt das Blatt bei den Anonymen, sein Sohn[18]) erkannte aber richtig die Hand des Meisters ᗺ 𝔄 darin und wies auf die technische Uebereinstimmung mit der Apostelfolge dieses Künstlers hin. Trotzdem nahm Passavant den Stich in das Werk des Meisters F V B auf, für den ihn Willshire[14]), unter Berufung auf Carpenters Autorität, in der Zeichnung der Extremitäten zu schwach findet. In den Katalogen Dowdeswell (Nr. 664) und Lloyd (Nr. 987) ging er unter dem Namen des Meisters von Zwolle.

19.* St. Quirin. 130 : 89 mm. Einf. 134.94 mm. Pl. Höhe der Darstellung ohne den Schriftrand 111 mm. Unbezeichnet. P. II. 234. 165. Repert. f. K. XV. p. 477 bei Nr. 4. Photographie nach dem Abdruck in Oxford von Praetorius.
 München. (W. kleines p.) Oxford. (mittelmässig und fleckig, die Unterschrift abgeschnitten.)
 Harzen[15]) führt den Stich, allerdings als zweifelhafte Arbeit, im Werk seines Pseudo-Zeitblom an, ohne die niederländische Inschrift zu beachten. Passavant nennt ihn ein gutes Blatt in der Manier Israhels van Meckenem. Willshire[16]) endlich beschreibt das

---

[17]) Ich benne nur ein Exemplar dieses Facsimile in der Kunsthalle zu Hamburg.
[18]) Fr. v. Bartsch, die Kupferstichsammlung der K. K. Hofbibliothek zu Wien No. 1147.
[14]) Cat. II. 91. G. 99.
[15]) Naumann's Archiv VI. 104. 60.
[16]) Cat. II. 93. G. 100.

Oxforder Exemplar nach der Photographie im British Museum unter den Anonymen, ohne seine Identität mit dem von Passavant aufgeführten Stich zu bemerken. Leider hielt ich den Stich im Repertorium n. a. O. für eine Arbeit des Meisters von Zwolle und überzeugte mich erst, als ich den monogrammirten Calvarienberg (Nr. 8) in Paris kennen lernte, dass der Quirin von der gleichen Hand herrühren müsse.

19 a. Holzschnitt-Copie des XVI. Jahrhunderts mit vielen Veränderungen. Der links knieende Ritter trägt eine Rüstung des sechzehnten Jahrhunderts. Statt des Engels mit dem Wappen rechts schwebt links ein anderer, der die Fahne des Heiligen hält. 136:94 mm Bl. P. IV. 279. 177 a. (als Kupferstich) Repert. f. K. XV. 470. 4.

Lüttich, Universitäts-Bibliothek (2 Exemplare).[17]

19 b. Gegenseitige Holzschnitt-Copie, nur die Halbfigur des Heiligen in einen h. Sebastian verwandelt mit einem Pfeil statt der Fahne in der Linken 53 : 42 mm Einf. Unbeschrieben.

London.

20.* S. Agnes. 104 : 71 mm. Unbezeichnet. Willshire, Cat. II. 99. G. 118. Drei verschiedene Photographieen, davon eine nach dem Dawson-Verfahren und eine zweite in Kohlendruck.

Cambridge, Fitzwilliam-Museum.

Willshire beschreibt diesen Stich bei den Anonymen, er ist jedoch sicher vom Meister W A gefertigt und stimmt nicht nur im Typus, sondern auch im Format fast genau mit der Maria Magdalena (Nr. 21), dem Heiland (Nr. 7) und der Madonna (Nr. 5), drei ebenfalls unbezeichneten Arbeiten des Stechers, überein.

20 a. Gegenseitige Copie von Israhel van Meckenem. 122 : 72 mm. Einf. B. VI. 243. 118.[18]

Berlin. Bologna. Cambridge. London. Paris Weimar. Wien, Albertina.

21.* S. Maria Magdalena. 104 : 65 mm. Bl.: Pl. Unbezeichnet. P. II. 237. 180. Kunstfreund 1885. Sp. 245. b. Photographie bei Brulliot, Copies photographiques.

München.

Diese zarte Arbeit, welche Passavant unter den Anonymen beschreibt, gehört unzweifelhaft dem Meister W A an, auf den nicht nur die technische Behandlung, sondern namentlich auch der Typus der Heiligen mit dem langen ovalen Gesicht und der übermässig hohen Stirn deutet. Es scheint eine frühe Arbeit des Künstlers.

22—29. Kriegs- und Lagerscenen unter Carl dem Kühnen. Folge von 8 Blatt. B. VI. 63. 24—31. Hochätzungen bei A. Schultz, Deutsches Leben im

---

XIV und XV Jahrhundert Fig. 627, 628, 644—647, 657, 658 nach den Exemplaren der Albertina. Wien, Albertina.

22. Das Waffen-Zelt. 185 : 234 mm. Bl. B. VI. 63. 24.
Paris. (ausgezeichneter Abdruck, W. p ohne Blume.) Wien Albertina.

Bei dem Exemplar der Albertina ist das Wappen von Burgund mit der Feder in ein anderes verwandelt. Vergl. die Abbildung bei A. Schultz a. a. O. Fig. 657.

23. Der Pferdestall. 120 : 192 mm. Pl. B. VI. 63. 25.
Photographie nach dem Oxforder Abdruck von Praetorius.
Auct. Delbecq (Paris 1845) 49 fr.
Köln. (Abdruck mit breitem Rand.) Oxford. Paris. (mittelmässig.) Pavia, S. Malaspina. Wien, Albertina (oben und unten wenig verschnitten).

Auf dem Abdruck der Albertina ist in den leeren Schild auf dem Zeltdach dasselbe Wappen wie bei Nr. 22 eingezeichnet. Vergl. die Abbildung bei A. Schultz a. a. O. Fig. 658.

24. Eine Abtheilung Reiterei von dreissig Mann. 120 : 164 mm. Einf. 135 : 182 mm. Pl. B.VI. 64. 26.
London. (1845. remargirt.) Oxford. Paris. (links und unten verschnitten.) Wien, Albertina.

25. Eine Abtheilung Reiterei von zehn Mann. —: 164 mm Einf. 133 : 182 mm. Pl. B. VI. 64. 28.
Oxford. (sehr fleckig.) Wien, Albertina.

Die Reiter sind mit unwesentlichen Aenderungen, namentlich mit Hinzufügung der Helmziniere nach der Vorderreihe von Nr. 24 wiederholt.

26. Eine Abtheilung Reiterei von achtundzwanzig Mann. 121 : 165 mm. Einf. 133 : 183 mm. Bl. B.VI. 64. 27.
Oxford. (rechts etwas verschnitten.) Paris, Bibliothèque de l'Arsénal. Wien, Albertina.

Der vierte Mann von links in der letzten Reihe trägt auf der Brust das Andreaskreuz. Das Monogramm befindet sich oben links ausserhalb der Einfassungslinie zwischen der zweiten und dritten Lanze. Es ist auf keinem der drei bekannten Exemplare des Stiches ganz erhalten und nur auf dem Pariser Abdruck erkennbar.[19] Auf dem Exemplar der Albertina nimmt man nur als winziges Stückchen vom Werkzeichen A wahr. Bartsch hielt den Stich daher für unbezeichnet.

27. Eine Abtheilung Reiterei von zenn Mann. —: 164 mm. Einf. 130 : 177 mm. Pl. B. VI. 65. 29.
Wien, Albertina.

Auch hier sind die Ritter mit kleinen Aenderungen und mit Hinzufügung der Ziniere nach der Vorderreihe von Nr. 26 wiederholt.

---

[17] Ms. 278 fol. 48 v. und Ms. 298 fol. 131 v.
[18] Vergl. Repert. f. K. XI. 220. 67, wo ich das Vorbild irriger Weise dem Meister K S zugeschrieben habe.

[19] Vergl. Repert. f. K. XVI. 340. 18.

28. Eine Abtheilung Fussvolk von neunzehn Mann. 82 : 138 mm. Einf. 84 : 148 mm. Bl. Unbezeichnet. R. VI. 65. 30.

Pavia, S. Malaspina. Wien, Albertina.

29. Eine Abtheilung Fussvolk von neunzehn Mann. 80 : 138 mm. Eluf. 88 : 149 mm. Bl. Unbezeichnet.[10]) B. VI. 65. 31.

Pavia, S. Malaspina. Wien, Albertina.

Diese flott und geistreich behandelten Blätter unterscheiden sich sehr von den sorgfältiger, aber auch minder frei gestochenen Madonnen und Heiligengestalten des Meisters. Passavant erklärt sie p. 280 irriger Weise für Radierungen und spricht damit dem Meister ☞ A unverdienter Weise die Priorität einer Erfindung zu, die vielmehr dem Urs Graf gehört.[11])

Die auf Nr. 24—29 vorn im Boden steckenden zehn Spiesse scheinen durch ihre Neigung nach links oder rechts die Marschrichtung anzudeuten.

30—37. Verschiedene Seeschiffe. Folge von 8 Blatt. Kunstfreund 1885. Sp. 245 d.

30. Grosser Dreimaster mit eingerefften Segeln nach links steuernd. 209 : 168 mm. Pl.; Bl. P. II. p. 279.

Oxford. (sehr schön, aber ein wenig verschnitten.)

Paris. (ausgezeichnet, S. Bégon.) Pavia, S. Malaspina.

Das Meisterzeichen ist auf dem zweiten der sechs am Fuss des Hauptmastes befindlichen Wappenschilde wiederholt. Im Katalog Malaspina wird der Stich irrthümlich als B. 22 aufgeführt, aber bereits der Vermuthung Ausdruck gegeben, dass es sich um ein anderes, ähnliches Blatt handle. v. Murr. (Journal zur Kunstgeschichte II. 228. 3.) erwähnt ein Schiff, das er im Kabinet Silberrad zu Nürnberg sah, giebt aber keine Beschreibung, sondern nur die Maasse 100 : 147 mm. Danach könnte es nur ein verschnittenes Exemplar dieses Stiches gewesen sein. Der Pariser Abdruck ist wohl erhalten, der wenig verschnittene in Oxford misst 203 : 169 mm., der in Pavia nach dem Cat. Malaspina (L p. 11): 190 : 160 mm., so dass also die Höhe mit dem von Murr citirten Blatt übereinstimmt und der Abdruck in Pavia somit vielleicht der gesuchte ist. Vergl. die Bemerkungen bei Nr. 32.

31.* Scheiternder Dreimaster. 134 : 177 mm. Bl. Strutt, Dict. II. p. 407. Jahrbuch der Preuss. K.-S. XII. Sp. XLI der Amtl. Berichte.

---

[10]) Da der Plattenrand bei Nr. 28 und 29 abgeschnitten ist, wäre es möglich, dass auch diese beiden Blätter ursprünglich das Stechermonogramm wie Nr. 24 und 26 ausserhalb der Einfassungslinie trugen.

[11]) Auch Lippmann (Der Kupferstich p. 49) nennt den Meister ☞ A als Vorläufer Dürers auf dem Gebiet der Radierung. Die Letzteren gestützte Blätter sind zwischen 1515 und 1518 entstanden. Die Radierung von Urs Graf Hss 8 trägt aber das Datum 1513.

Berlin. (1891. links etwas verschnitten und mit einigen Druckfalten.)

Das Berliner Exemplar wurde von Murray in London erworben und ist wohl dasselbe, welches Strutt ein Jahrhundert früher beschrieb. Er las das Wort oben irrig »Haerdje«. Der erste Buchstabe ist aber deutlich ein »b«. »Baerdje« ist der altholländische Ausdruck für »Barge« und bedeutet ein kleines Schiff: eine »Bark«.

32. Dreimaster mit eingerefften Segeln nach rechts steuernd. 168 : 196 mm. Bl. B. VI. 62. 22. P. II. p. 279. und 263. 59. Hochschätzung nach dem Wiener Exemplar bei A. Schultz, Deutsches Leben im XIV. u. XV. Jahrb. Fig. 665.

Auct. Buckingham (London 1884.) zusammen mit einem nicht bei Bartsch beschriebenen Innern einer gothischen Kapelle (Nr. 547?) 11 sh. an Tiffin.

Paris. (verschnitten, restaurirt und defect. Die oberen Ecken fehlen.) Wien, Hofbibliothek. (ausgezeichneter Abdruck. W. schreitender Hund oder Löwe.)

Passavant's Angabe, dass sich auf diesem Stich die Inschrift: »fraed« befinde, beruht auf einer Verwechselung mit Nr. 30, welche allerdings in Paris fälschlich als »B 22« bezeichnet ist. Den Pariser Abdruck von Nr. 32, der ringsum verschnitten nur 158 : 122 mm. misst, beschreibt Passavant unter Nr. 59, ohne seine Identität mit B. 22 zu erkennen.[12])

33.* Dreimaster mit aufgespanntem Hauptsegel nach rechts steuernd. 166 : 138 mm. Bl. Unbeschrieben. Lichtdruck im Kat. Gutekunst XLIV.

Gutekunst's Auct. XLIV. (Stuttgart 1892.) 605 Mk. an das Brit. Museum.

Berlin. (prachtvoller Abdruck W. gothisches p.) London. (1892 oben stark restaurirt.)[13])

In der 49. Figur des Schatzbehalters ist das Schiff mit den Aposteln nach diesem Stich gegenseitig copirt und zwar nur mit unwesentlichen Aenderungen, z. B. ohne den kleinen Mast am Hintertheil.[14])

34. Einmaster mit herabgelassenem Segel ohne Mastkorb nach rechts steuernd. 108 : 196 mm. Bl. P. II. 283. 60.

Berlin. (1848. Prachtvoller Abdruck, ringsum wenig verschnitten und oben gerundet, daher ohne Chiffre.) Mailand, Trivulziana.

---

[12]) Die weitere Angabe, das Berliner Exemplar trage als Wasserzeichen das gothische p, bezieht sich auf Nr. 33

[13]) Im Mastkorb ist ein zweiter, nach links zeigender Pfeil vom Restaurator (Hera) eingezeichnet.

[14]) Vergl. v. Lepe im Jahrbuch der Preuss. K.-S. XVI. p. 229.

Das Berliner Exemplar wurde 1843 von Harzen in Hamburg erworben und zwar als Arbeit des Meisters von Zwolle, unter dessen Stichen es Passavant fand. Er erkannte richtig die Hand des Meisters ✠ 𝖠 darin. Der Abdruck der Trivulziana mit vollem Plattenrand findet sich im Cod. 2143 auf fol. 2.

35. Zweimaster mit eingerefften Segeln nach links steuernd. 165:134 mm. Pl.: Bl. Repert. f. K. XVI. 43. bei 102 und 334. 80.
Willtach i. Schl., S. Maltzan.

35 a. Gegenseitige Copie von Israhel van Meckenem. 163:131 mm. Pl. B. VI. 278. 196.
Berlin. Braunschweig. Dresden, S. Friedrich August II. **London.** London, South Kensington Museum. **Paris.** Paris, S. v. Rothschild. **Wien**, Albertina.

36. Dreimaster mit aufgespannten Segeln nach rechts steuernd. 160:124 mm. Pl. Unbezeichnet. B. X. 61. 44. P. II. 243. 229. Hochschätzung bei A. Schultz, Deutsches Leben im XIV. und XV. Jahrhundert, Fig. 664, nach dem Wiener Abdruck.
London. (oben und unten verschnitten.) **Wien**, Albertina. (ausgezeichneter Abdruck.)
Bartsch und Passavant beschreiben den Stich bei den Anonymen. Letzterer giebt irrthümlich an, dass sich auch ein Abdruck in Dresden befinde, wo nur Nr. 37 vorhanden ist. Das Londoner Exemplar wird von Willshire[66]) als unbeschrieben bei den Anonymen aufgeführt. Ich führte es daher im Kunstfreund[67]) noch getrennt an und konnte es erst nach Autopsie des Blattes im Printroom mit dem von Bartsch beschriebenen Stich der Albertina identificiren.

37. Dreimaster mit eingerefften Segeln nach linke steuernd. 173:125 mm. Bl. Unbezeichnet. P. II. 283. 61.
Auct. Durazzo (Stuttgart 1873) 300 fl. an Gutekunst, jetzt im British Museum. Angiolini (Stuttgart 1895) 145 Mk. an die Bibl. Royale in Brüssel.
Brüssel. (1895 S. Angiolini, Schwacher Abdruck, unten verschnitten. W. p mit Blume.) **Dresden. Feldsberg,** S. Fürst Liechtenstein (unten und oben ein wenig verschnitten). **London.** (2 Exemplare, das eine 1875 aus der S. Durazzo.) **Prag,** S. v. Lanna (aus einem Klebeband. W. Kelch mit Hostie). **Wien**, Albertina (links etwas verschnitten).
Willshire[67]) beschreibt den Stich bei den Anonymen, obwohl Passavant bereits richtig eine Arbeit des Meisters ✠ 𝖠 darin erkannte, und hält den schlechteren und unreinen Abdruck irriger Weise für retou-

---
72) Cat. II. 112. O. 152.
73) 1895. Sp. 245, d. 1 und 3.
75) Cat. II. 112. O. 151.

chirt.[76]) Der Abdruck der Albertina ist bei den Italienern eingeordnet.[77])
Das Schiff ist nach v. Loga[78]) für jenes des Odysseus auf dem Holzschnitt: Circe und Odysseus in Schedels Chronik fol. XLI recto (nicht XVI) benutzt worden. Die beiden unbezeichneten Blätter dieser Folge sind etwas rauher in der technischen Behandlung und stimmen hierin mehr mit den flüchtiger behandelten Kriegs- und Lagerscenen (Nr. 22—29) überein, mit denen sie auch den bräunlichen Druckton theilen. Ebenso ist die Behandlung des Wassers etwas anders als auf den bezeichneten Blättern. Bei Nr. 37 fehlen die raupenartigen Wellenkämme gänzlich. Die Schiffsfolge schliesst sich der ebenfalls aus acht Blättern bestehenden militärischen gegenständlich an und soll vielleicht die Seemacht Carls des Kühnen veranschaulichen. Merkwürdig ist das Fehlen jeglicher Bemannung auf den Schiffen. Ein meist auf dem Mastkorb angebrachter Pfeil zeigt die Fahrtrichtung an, wie die Lanzen auf den Kriegsbildern Nr. 24—29 die Richtung des Marsches. Nur bei Nr. 37 weist er nach rückwärts.
Der von Passavant im Appendix (p. 284. Nr. 66) beschriebene unbezeichnete Stich mit zwei Schiffen auf hochgehender See ist nicht vom Meister ✠ 𝖠, sondern italienisch und mit P. V. 193. 112 identisch.

38. Zwei Schädel. 80:100 mm. Bl. P. II. 280. 36. Auct. Ploos van Amstel (Amsterdam 1800) 11 fl. 10 kr. zusammen mit Nr. 39 an Artaria. Dodd (London 1810) 1 Lstr. 11 sh. 6 p. zusammen mit Nr. 39 und Meckenem B. 187—188. Fries (Amsterdam 1824) 26 fl. zusammen mit Nr. 39 an die Albertina.
Dresden, S. Friedrich August II. (unten verschnitten und ohne die oberen Ecken). **Wien,** Albertina (oben am Bogenrande ausgeschnitten und daher ohne Monogramm. S8. Ploos van Amstel und Fries).
Passavant kannte nur das der Chiffre heraubte Wiener Exemplar, betont aber richtig die technische Uebereinstimmung mit Nr. 39.

39. Drei Schädel. 130:167 mm. Pl. B. VI. 59. 15. Auct. Ploos van Amstel (Amsterdam 1800) 11 fl. 10 kr. an Artaria zusammen mit Nr. 38. Dodd (London 1810) 1 Lstr. 11 sh. 6 p. zusammen mit Nr. 38 und Meckenem B. 187—188. Fries (Amsterdam 1824) dieselben zwei Blätter 26 fl. an die Albertina. Drugulin's Auct. XX. (Leipzig 1862).
Wien, Albertina. (S8. Ploos van Amstel und Fries.)

---
76) Bei dem minder schwarz gedruckten besseren Exemplar des Printroom bemerkt man einige Fehlstellen und unten links Schengnahern mit der Feder aufgesetztes Zeichen.
77) Bd III. p. 25.
84) Jahrbuch der Pressa. K.-S. XVI. p. 228.

16

39 a. Gegenseitige Copie von Israhel van Meckenem.
135 : 167 mm. Pl. B.VI. 302. 105. P. II. 197. 256.
Berlin. Bologna. Köln. London. (2 Exemplare.)
Mailand. Ambrosiana. **Paris. Paris,** S. v. Rothschild.
Wien, Hofbibliothek.

39 b. Gegenseitige Copie von Israhel van Meckenem,
stark verkleinert 43 mm. Durchm. und Einf. in Rund b
des Stiches. B. VI. 259. 151.
London. Oxford. Paris. Wien, Albertina. **Wien,**
Hofbibliothek.

40 –43.* Vorlagen für Wappenschilde. Folge von 4 Blatt.
Unbezeichnet. P. II. 270. 63—66.
Berlin. (1844 S. v. Liphart.)

40.* Zwei Wappenschilde mit spitz zulaufenden Helm-
tüchern. 84 : 144 mm. Bl.
Berlin.

41.* Zwei Wappenschilde mit breitendigen und ge-
knoteten Helmdecken. 81 : 138 mm. Bl.
Berlin.

42.* Zwei Wappenschilde mit rankenförmigen, in der
Mitte verschlungenen Helmdecken. 82 : 139 mm. Bl.
Berlin. (W. μ mit Blume.)

43.* Zwei Wappenschilde mit rankenförmigen, nicht
ineinandergreifenden Helmdecken. 83 : 145 mm. Bl.
Berlin.

Jedenfalls dienten diese Schablonen als Vorlagen
für Goldschmiede, die für den jeweiligen Zweck die
Schilde ausfüllen und die Helmkleinode hinzufügen
konnten.

Passavant führt die glänzend gestochenen und
mit höchster Delikatesse gezeichneten Blätter, ohne
ein Wort über ihren Charakter zu äussern, bei den
niederländischen Anonymen auf. Sie gehören unzweifelhaft zu den schönsten Arbeiten des Meisters
⋎ ⩑. Der Druck ist tiefschwarz.

Die Folge gelangte 1844 zusammen mit sehn
späteren Stichen von Baron E. v. Liphart in Tausch
gegen Rembrandt's Tolling an das Berliner Kabinet.

44.* Das grosse Wappen Carls des Kühnen. Unbezeichnet.
334 : 202 mm. Pl. P. II. 271. 67. Repert. f. K. XV.
490. 112.[1]) Lithographie von Labargé bei Alvin, im
Bulletin de l'Académie Royale de Belgique 2º série
tome VI. 1859. Photographie in ein Viertel der Originalgrösse bei Alvin, Les grandes armoiries du Duc
Charles de Bourgogne, gravées vers 1467 (Bruxelles
1859), in Originalgrösse bei Alvin, La plus ancienne
gravure en taille-dance exécutée aux Pays-Bas (Bruxelles
1876) und bei Pinchart, La plus ancienne gravure
sur cuivre suite dans les Pays-Bas.[2]) Holzschnitt in

---

[1]) Vergl. die dort chronologisch zusammengestellte Literatur über
den Stich.

[2]) Bulletin des commissions royales d'art et d'archéologie XV° année
(1876) Nr. 5—6.

L'Art 1877 II. p. 236 und in L'Art ornemental
1884 p. 47.

Brüssel. (guter Abdruck mit breitem Rand [355 : 242
mm, Bl.] und undeutlichem Wasserzeichen eines Kreuzes
mit Kleeblattenden auf breitem Fuss.)

Dieser wichtige Stich wurde 1856 von Alvin in
einem Manuscript der alten Bibliothèque de Bourgogne
aufgefunden und dem Cabinet des estampes über-
wiesen. Er rief alsbald eine ganze Literatur von
kleineren Schriften und Aufsätzen hervor, deren Ver-
fasser einerseits den Stecher des Wappens zu er-
mitteln, andererseits sein Verhältniss zu einer gleich-
artigen Darstellung von anderer Hand, die 1840 in
den Besitz von Alexandre Pinchart gelangte und sich
jetzt mit der Sammlung Malcolm im British Museum
befindet, festzustellen suchten. Pinchart und Ch. de
Brou erklärten das letztere Blatt für das Original und
den Brüsseler Stich für eine spätere Copie, während
Alvin und Hymans das umgekehrte Verhältniss an-
nahmen. In meiner Schrift über den Meister mit
den Bandrollen (p. 12—13) glaube ich nachgewiesen
zu haben, dass der Stich bei Mr. Malcolm eine un-
beholfene und schwache Copie nach dem Brüsseler
Original, und zwar von der Hand des Meisters mit
den Bandrollen sei.

Die Frage nach dem Urheber des Vorbildes blieb
jedoch unbeantwortet. Alvin wollte es dem Stecher
der figurirten Minuskel-Alphabetes zuweisen, dessen
Zugehörigkeit zum Werk des Meisters ES er mit
Unrecht bestreitet. Harzen[3]) schrieb es dem Meister
ES, und Renouvier[4]) dessen Schule zu, während
Passavant richtiger die Hand eines niederländischen
Stechers aus dem letzten Drittel des fünfzehnten Jahrhunderts darin erkannte. In demselben Sinn äusserte
ich mich in meiner Schrift über den Meister mit den
Bandrollen a. a. O., als ich aber den Stich 1889 zum
ersten Mal im Original kennen lernte, sah ich sofort,
dass die Reproductionen die ungemein zarte Stichelführung nur sehr vergrößert wiedergeben und erkannte
zugleich, dass das Blatt von keinem anderen Stecher
als dem niederländischen Meister ⋎ ⩑ herrühren
könne, dessen Thätigkeit unter Carl dem Kühnen schon
durch die Kriegs- und Lagerscenen aus dem Burgunderkrieg (Nr. 22—29) bezeugt wird.[5])

---

[3]) Neumann's Archiv V. p. 3.

[4]) Historie p. 144.

[5]) Passavant findet merkwürdiger Weise die technische Behandlung
minder fein und die Zeichnung weniger correct als beim Meister ES,
während man eigentlich das Gegentheil behaupten kann.

[6]) Eine unerwartete Bestätigung dieser Zuweisung bietet mir ein
älteres Notiz von Henri Hymans, welcher in Lüttich den Stammbaum
Mariae (Nr. 1) in einem Klebeband fand und dabei notirte, derselbe sei wahrscheinlich von der gleichen Hand wie das Wappen Carls
des Kühnen.

Die frappante Aehnlichkeit der beiden Schildhalter mit den Löwen, welche im Fasciculus temporum (Utrecht, Johann Veldener 1480)[39]) das leere Wappen auf der ersten und letzten Seite des Buches halten, und auf die Alvin aufmerksam macht, erklärt sich aus dem Umstande, dass die Löwen im Holzschnitt, sammt dem Helm mit seinen Decken, nur ohne das Kleinod, gegenseitig nach dem Stich copirt sind. Dagegen beruht die Behauptung von A. de Wittert[40]), dass sich eine Wiederholung der ganzen Composition mit den Säulen in dem »Guldin tron« des Otto von Passau (Utrecht 1480) finde, auf einem Irrthum. In dem Bamberger Exemplar dieses seltenen Buches habe ich wenigstens vergeblich danach gesucht.

Eine annähernde Datirung des Stiches, und zwar um 1467, lässt sich nach Alvin[41]) aus dem Wappen selbst gewinnen. Die Zahl und Reihenfolge der den Hauptschild umgebenden kleineren Wappen entspricht nämlich den Titeln, welche Carl der Kühne vor der Erwerbung von Geldern und Zütphen (1472) in seinen Urkunden führte. Später findet sich stets der Titel »Herzog von Geldern« hinter dem des Herzogs von Luxemburg und »Graf von Zütphen« hinter dem des Grafen von Namur. Ferner steht das Wappen von Charolais an vierter Stelle zwischen Burgund und Hennegau, während man in keinem der bekannten Diplome diesen Titel unter denen des Herzogs nach seinem Regierungsantritt (1467) findet.[42]) Der Stich kann also nicht nach 1472 entstanden sein und wurde höchst wahrscheinlich für den Regierungsantritt Carls 1467 gefertigt.

A. de Wittert behauptet[43]), dass beide Stiche, der des Meisters ☜♈ und der des Bandrollen-Meisters, nach einem gemeinsamen Vorbild copirt seien, und zwar nach einem riesigen Holzschnitt, welcher bei Gelegenheit der Hochzeit Carls des Kühnen mit Margaretha von York, Schwester Eduards IV. von England, gefertigt wurde, von dem sich aber kein Exemplar erhalten hat. Die Hochzeit wurde am Sonntag, den 3. Juli 1468, zu Brügge durch grossartige Festlichkeiten gefeiert.[44]) Beim Einzug der Margaretha befand sich am Thor des herzoglichen Palastes das Wappen Carls, dessen detaillirte Beschreibung allerdings auffällig mit den erhaltenen Kupferstichen übereinstimmt. Sogar die zu beiden Seiten befindlichen Statuetten der Heiligen: Andreas und Georg sind erwähnt, und nur von den dem Hauptschild umgebenden

[39]) Johann Veldener 1472—1477 in Löwen, siedelte 1478 nach Utrecht über.
[44]) Les gravures de 1468 (Liège 1877) p. 72—78.
[40]) Les grandes armoiries etc. p. 10—13.
[41]) Vreiles, Sigilla comitum Flandriae etc. (Brügge 1639.) p. 93.
[42]) a. a. O. p. 2—3.
[43]) ibid. p. 4—5.

Wappen zwölf statt siebzehn angegeben. Die fünf über dem Helm angebrachten Schilde der Herzogthümer können aber leicht übersehen sein. Die Rechnungen der Hochzeit zu Brügge enthalten alle Ausgaben für den Druck dieses Wappens vom April bis Juni 1468, und da die Kosten für Druck, Papier Holz, Bürsten und Holzschneider einzeln verzeichnet sind, kann es sich in der That wohl nur um einen kolossalen Holzschnitt gehandelt haben.[45]) Das Wappen wurde eben in vielen Exemplaren gebraucht, da es nicht nur über dem Thor des Palastes, sondern auch auf Zelten, Pavillons, Fenstern, Schiffen und Bannern angebracht war. Wittert zählt p. 49—51 über 160 positiv erwähnte Exemplare.

Dass die beiden Stiche, wie Wittert[46]) meint, vielleicht lange Zeit nach 1468 nach dem grossen Holzschnitt zu Brügge copirt wurden, glaube ich nicht. Keineswegs beweisen ihre Abweichungen von einander die Benutzung eines gemeinsamen Vorbildes. Wenn auch der Brüsseler Stich nach dem Holzschnitte von Brügge gefertigt sein kann — ich möchte eher das umgekehrte Verhältniss annehmen — so ist jener in London sicher eine Copie nach dem Stich des Meisters ☜♈, wie schon das gleiche Format bezeugt. Der Holzschnitt war etwa 26 Fuss hoch und 14 Fuss breit.[46])

44a. Copie vom Meister mit den Bandrollen. 303:204 mm.
Bl. Lehru, Der Meister mit den Bandrollen p. 12.
London. (1895 aus der S. Malcolm.)

45. Distelartiges Blatt. 120:112 mm. Pl. P. II. 283. 55.
Paris. (aus der S. Bégon.)

46.[*] Gothisches Blatt. 142:153 mm. Bl. Evans, Additional notes to Bartsch 277. Nagler, Monogr. V. 1441. Repert. f. K. XIII. 45. 36. Drugulin's Amateur des Beaux-Arts 1861 Nr. 4: 50 Thlr., 1865 für denselben Preis an das Oesterreichische Museum.
Wien, Oesterreichisches Museum (1865 von Drugulin, oben und unten verschnitten).
Die untere rechte Ecke der Platte ist abgeschnitten, rechts ist der Plattenrand sichtbar.

47.[*] Gothisches Blatt. 182:168 mm. Bl. Unbezeichnet. P. II. 245. 244.
Dresden. (oben und unten verschnitten.)
Passavant beschreibt diese prächtige Arbeit als oberdeutsch bei den Anonymen. Sie rührt aber offenbar vom Meister ☜♈ her, dessen Monogramm vielleicht nur abgeschnitten ist. Nur rechts erkennt man den Plattenrand.

48. Gothisches Blatt mit Eicheln. 193:127 mm. Pl. P. II. 283. 52.
Paris. (aus der S. Bégon.)

[44]) Vergl. Wittert a. a. O. p. 5—36.
[46]) ibid. p. 43—86.
[46]) ibid. p. 42.

17

49. Gothisches Blatt. 197:138 mm. Pl. P. II. 283. 53.
Paris. (prachtvoller Abdruck, S. Bégon. W. Krug.)
50. Gothisches Blatt. 207:152 mm. Bl. P. II. 283. 54.
Paris. (S. Bégon. W. kleiner Ochsenkopf mit Nase.)
51.* Gothisches Blatt 209:142 mm. Pl. Repert. f. K. XIV. 104. 8.
Köln. (mit breitom Rand, besondern links und rechts. W. kleiner Ochsenkopf mit Nase, kurzor Stange und Stern.)
52.* Hohlkehle mit gothischem Blattwerk. 277:100 mm. Bl. Catalogo dei Codici manoscritti della Trivulziana p. 183. Verkleinerte Photographie von Dr. P. Kristeller. **Mailand,** Bibl. Trivulziana.
Der Stich klebt mit links sichtbarem Plattenrand im Cod. 2143 auf fol. 62 verso.
53.* Inneres einer gothischen Kirche. 154:132 mm. Bl. Unbeschrieben. Photographie nach dem Exemplar in Oxford.
I. Vor zahlreichen Verstärkungen der Schatten, besonders in der Nische rechts, welche auf der linken Seite noch ganz weiss ist und keine Vertikalschraffirung enthält. Vor der vertikalen Lage an der Wölbung des rechten Schiffes und der rechten Hälfte des Mittelschiffes. Vor der Horizontalschraffirung am Fussboden des rechten Seitenschiffes und an den drei Stufen, die nur eine diagonale Strichlage zeigen. Vor den gekrümmten Taillen, welche die obere Hohlkehle des Kleeblattbogens unter dem weissen Maasswerk füllen. Dieselbe ist im mittleren und rechten Bogen unten noch ganz weiss.
Brüssel. (ringsum, besonders unten stark verschnitten. W. Lilienwappen. 1895 auf einer Bücherauction bei Bluff in Brüssel (8. Juli) in einem Convolut minderwerthiger Blätter für 2 fr. 50 erworben.)
Oxford. (oben am Raude des Kleeblattbogens ausgeschnitten und daher ebenfalls ohne Monogramm.)
II. Mit diesen und vielen andern Retouchen.
Bautzen, v. Gersdorff'sche Bibliothek.
Bei dem Exemplar in Oxford steht auf der untersten Stufe ganz links das Wort: ANVERS von späterer Hand.
54. Baudurchschnitt einer offenen Kapelle. 225:111 mm. Pl. P. II. 281. 38. Photographie von Braun Nr. 195 und Lichtdruck bei Gruner, Decorative Kunst Taf. 11, beide nach dem Dresdener Exemplar. Nachstich von Riester und Du Casse in Reynard, Ornemente des anciens maîtres Pl. 2.
Auct. Buckingham (London 1834) 11 ab. zusammen mit Nr. 32. Delbecq (Paris 1845) 131 fr.
Dresden. (ausgezeichneter Abdruck. W. kleiner Ochsenkopf mit Nase, Stange und Stern.) **London.** (sehr schön, aber oben ein wenig verschnitten.) **Oxford.**

(schön aber unrein.) **Wien,** Hofbibliothek. (das Monogramm abgeschnitten. W. Burgunder Wappen.)
55. Gothischer Saal. 349:190 mm. Pl. P. II. 281. 37. **Berlin.** (1881 aus der S. Renouvier.) **München.** W. p ohne Blume.) **Paris.**
Die beiden oberen Ecken der Platte sind abgeschrägt.
56. Inneres einer Kapelle. 395:185 mm. Pl. B.VI. 61.18. Auct. Wilson (London 1828). Ottley (London 1837), 4 Letr. 12 sh. an Bromley, zusammen mit Wenzel v. Olmütz B. 21 aus der S. Lloyd. Cat. Evans (London 1857) 18 Letr. 18 sh. Drugulin's Amateur des Beaux-Arts (Leipzig 1861) Nr. 4 : 170 Thlr. Drugulin's Verzeichniss von Ornamentstichen (Leipzig 1863) für denselben Preis 1865 an das Oesterreichische Museum.
London. (schöner Abdruck, unten verschnitten und oben zugeschrägt, das Monogramm aber grösstentheils erhalten.) **Wien,** Albertina. (W. kleiner Ochsenkopf mit Nase, Stange und Stern.) **Wien,** Oesterreichisches Museum. (1865 von Drugulin, oben wenig verschnitten. Dasselbe W.)
57. Entwurf zu einem gothischen Altar. 132:165 mm. Pl. P. II. 281. 40.
Auct. Winckler (Leipzig 1802.) 2 Thlr. Börners Auct. XXXVII. (Leipzig 1684) 1370 Mk. 1890 an das Berliner Kabinet.
Berlin. (1890. W. p mit Blume.) **München. Paris.** (unklarer Abdruck, unten und links etwas verschnitten.)
In Basel und Dresden befindet sich nicht dieser Stich wie Passant angiebt, sondern der sehr ähnliche Nr. 59.
Ebensowenig ist er im British Museum vorhanden, wo Willshire[44] ein drittes Blatt: Nr. 58 für P. 40 hielt.
58.* Entwurf zu einem gothischen Altar. 132:166 mm. Pl. Dutuit, Manuel V. 174. 67. und VI. 674. Willshire, Cat II. 298. J. 104.
Börners Auct. XXXVII. (Leipzig 1884.) 1315 Mk. 1890 an das Berliner Kabinet.
Berlin. (1890. Prachtvoller Abdruck. W, p mit Blume.) **London.** (1845 gering und mit der Feder überarbeitet besonders links.) **Paris.** (links etwas verschnitten. W. Delphin?) Dieser Stich befindet sich nicht in Dresden, wie ich irrthümlich in Dutuit's Manuel auf Grund einer Verwechselung mit Nr. 59 angegeben habe. Vergl. die Bemerkungen bei Nr. 57.
59.* Entwurf zu einem gothischen Altar. 135:166 mm. Pl. Heinecken, N. N. I. 386. 11. Lichtdruck nach dem Dresdener Exemplar bei Gruner, Decorative Kunst Taf. 94.
Basel. Dresden. (prachtvoller Abdruck. W. Blume am Stiel.)

[44] Cat. II. 298. J. 104.

Passavant identificirt den Stich, wie gesagt, mit Nr. 57 (Nr. 40 seines Verzeichnisses). Er unterscheidet sich von jenem sehr ähnlichen und fast gleich grossen Blatt namentlich durch die geschweiften Umrisse, welche bei Nr. 57 aus geraden Linien bestehen. Noch grössere Aehnlichkeit hat das Blatt mit dem von Dutuit beschriebenen Stich Nr. 58, von dem es sich jedoch dadurch unterscheidet, dass die beiden Seitentheile je drei Nischen enthalten, während sie bei Nr. 58 durch Säulen gegliedert sind, ferner dadurch, dass die Mittelnische um 39 mm. höher liegt als die übrigen, während sie bei Nr. 58 nur 12 mm. über dem Fussboden liegt, dass die Hohlkehle neun kleinere, statt fünf grössere Krabbenpaare enthält und die Architectur unten mit einer geraden Linie abschliesst wie bei Nr. 57, mit welchem Stich die Raumdisposition überhaupt die grösste Aehnlichkeit hat.

60. Gothischer Altar mit acht Nischen. 338 : 255 mm. Pl. ; IR. P. II. 281. 39.

Paris.

Aus diesem Blatt erkennt man erst den Zweck der ähnlichen Altar-Aufrisse Nr. 57—59. Passavant findet die Anordnung des Ganzen sehr ähnlich den spanischen Altären. Heinecken[a] führt den Stich als »Vorstellung von sechs Kapellen, eine über die andere. Ein Blatt in ,Folio‹ auf.

61. Gothischer Baldachin. 133 : 68 mm. Bl. P. II. 282. 44.

Dresden.

Es ist nicht zu entscheiden, ob Heinecken (K. N. I. 386. 16.) diesen Stich oder Nr. 62 gemeint hat.

62. Gothischer Baldachin. 133 : 70 mm. Bl. P. II. 282. 45. Repert. f. K. XV. 136. 201.

I. Vor dem Monogramm. Die beschattete Seite unten links von dem rechten Säulenkapitäl ist nur leicht vorgerissen, so dass das Maaswerk sich dort dunkel vom weissen Grunde abhebt.

Amsterdam.

II. Mit dem Monogramm. Das Maaswerk an der bezeichneten Stelle hebt sich weiss vom dunkeln Grunde ab.

Dresden.

Dies Blatt ist besonders geistreich und flüchtig nach Art einer Radierung behandelt und ganz mit der kalten Nadel ausgeführt.

63. Gothischer Baldachin. 194 : 70 mm. Pl. P. II. 282. 43.

Dresden. Hamburg. (W. Thor mit zwei Thürmen.) Heinecken[b] meint offenbar die drei Dresdener Baldachine Nr. 61—63, wenn er unter Nr. 14 sagt: ›Drey verschiedene Arten von Glocken; im gothischen Geschmacke, drey Blätter.‹ Dennoch führt er zwei davon unter Nr. 15 und 16, wahrscheinlich nach

---
[a] N. N. I. 386. 13.
[b] N. N. I. p. 386.

---

anderen Exemplaren ein zweites Mal auf. Passavant[a] citirt Heinecken's Angaben im Appendix, übersetzt aber »Glocken« mit »clochers«. Ich möchte glauben, dass Heinecken die Baldachine wegen der halbrunden Oeffnung nach unten wirklich für »Glocken in gothischem Geschmack« gehalten habe. Vermtand er doch darunter, der Anschauung seiner Zeit entsprechend, mehr das fremdartig Hässliche, ohne Verständniss für das constructiv Schöne der Gothik zu zeigen. So führt er den Becher Nr. 77 unter Nr. 17 als »eine sehr gothische Zeichnung von einem Kelche« an oder nennt den Baldachin Nr. 64 unter Nr. 8: »Ein Kirchthurm. Eine sehr gothische Zeichnung«.[c]

64. Gothischer Baldachin. Von zwei Platten gedruckt. Obere Platte 233:71 mm., untere 226:115 mm. Gesammthöhe 459 mm. Pl. B. VI. 59. 16.

Auct. Durand (Paris 1821.) 75 fr.

Dresden, S. Friedrich August II. (W. in beiden Blättern kleiner Ochsenkopf mit Nase, Stange und Stern.) **Wien,** Albertina. (W. p mit dem Kreuz.)

65. Ein Brunnen. 232 : 72 mm. Pl. B. VI. 62. 21. und 308. 174.

Auct. Fries (Amsterdam 1824.) 16 fl. zusammen mit Nr. 74 an das British Museum.

London. (1845 aus der S. Fries. Ziemlich gut, aber oben verschnitten.) **Wien,** Albertina (1836 für 27 fl. von Barmann erworben.) **Wien,** Hofbibliothek (von erster Schönheit).

Bartsch citirt den Stich ein zweites Mal nach Heinecken[d] unter den zweifelhaften Blättern Israhels van Meckenem ohne die Identität zu erkennen, wahrscheinlich weil Heinecken a. a. O. von einem Springbrunnen »in dem Hofe eines Klosters« spricht, während er wohl für den Hof eines Klosters« meinte.

66. Gothische Fensterrose. 145 mm. Durchm. Einf. 158 : 160 mm. Pl. P. II. 282. 47.

Paris. (aus der S. Bégon.)

Das W im Monogramm ist von ungewöhnlicher Form.

67. Gothische Fensterrose. 153 mm. Durchm. Einf. 161 : 160 mm. Pl. P. II. 282. 48.

Paris. (aus der S. Bégon.) W. bekröntes Wappen mit sechzehnblättriger Blüthe im Kreis und angehängtem Buchstaben.)

68. Pfeilerarchitectur mit einem Strebebogen. 403:183 mm. Bl. P. II. 282. 46.

Paris. (unten etwas verschnitten. Oben schneidet der Plattenrand die oberste Kreuzblume ab.)

---
[a] II. 284. App. 62—64.
[c] Ebenso nennt er p. 319 Nr. 118 eine Madonna vom Meister des h. Erasmus in Dresden wegen der ausserordentlichen Roheit und Eckigkeit der Zeichnung »ein sehr gothisches Blatt«.
[d] N. N. I. 474. 174.

69. Ein Bischofsstab. Von zwei Platten gedruckt. Obere Platte 347 : 192 mm., untere Blatt[40]) 330 : 122 mm. Gesammthöhe 677 mm. B. VI. 61. 19. Repert. f. K. XV. 136. 202. Zeitschrift f. christl. Kunst VI. Sp. 70—71. Photographie nach der unteren Hälfte in Amsterdam. Hochätzung beider Hälften, stark verkleinert und ohne das Monogramm in der Zeitschr. f. christl. K. VI. Sp. 67—69 Fig. 1 a—1 b.

Auct. Bernard (London 1798) 15 sh. die obere Hälfte zusammen mit Nr. 1, jetzt in der Albertina. **Amsterdam.** (Untertheil. Oben ist ein Stückchen des Schaftes ausgerissen.) **Wien,** Albertina (Obertheil aus der S. Bernard.) Strutt[30]) und Bartsch kannten nur die obere Hälfte des Stiches mit der Krümme. Ich fand 1889 den Schaft dazu in Amsterdam. Beide Theile passen genau aneinander.

70. Gothische Rauchmantelschliesse. (Monile.) 151 mm. Durchm. Einf. 183 : 151 mm. Bl. P. II. 281. 41. Zeitschr. f. christl. K. VI. Sp. 73. Lichtdruck nach dem Dresdener Abdruck bei Gruner, Decorative Kunst Taf. 31.

Auct. Silvestre (Paris 1810) 76 fr. zusammen mit vier anderen Blättern. Delbecq (Paris 1845) 49 fr. P. Vischer (Paris 1852) 20 fr. Arozarena (Paris 1861) 580 fr. an Graf York. **Berlin.** (1851, silhouettirt und rechts verschnitten, ohne Monogramm.) **Dresden,** S. Friedrich August II. (mit Schonung der Chiffre silhouettirt. W. p mit Blume.) **London.** (1845, guter Abdruck, schleckig ausgeschnitten und ein wenig verschnitten.) **Klein-Oels,** S. Graf York (1861 aus der S. Arozarena.) **Paris.** (mit viereckigem Rand.)

71. Gothische Rauchmantelschliesse und zwei Entwürfe zu gothischem Blattwerk. 217 : 154 mm. Bl. . Pl. P. II. 281. 42. Zeitschr. f. christl. K. VI. Sp. 73.

London. (schöner Abdruck, links, rechts und oben wenig verschnitten und an der linken oberen Ecke ergänzt.) **Oxford.** (mittelmässig und fleckig.) **Wien,** Hofbibliothek (prachtvoller Abdruck.)

Evans[63]) führt den Stich als unbeschrieben[64]) auf und giebt die Maasse 216 : 225 mm. Es kann sich wohl nur um einen Druckfehler handeln. Friedr. v. Bartsch hielt die Darstellung für ein Sacramentshäuschen zur Schaustellung der Reliquien, Passavant nennt sie nur eine reich ornamentirte Scheibe, wie er auch Nr. 70 als gothische Rose anführt. Dass beide Blätter vielmehr Vorlagen für Rauchmantelagraffen seien, glaube ich in der Zeitschrift für christl. Kunst a. a. O. nachgewiesen zu haben.

---

[61]) Der Plattenrand ist nicht sichtbar.
[62]) Dictionary II. p. 497.
[63]) Additional note to Bartsch Nr. 272.
[65]) Er wird zuerst von Fr. v. Bartsch, Die Kupferstichsammlung der K. K. Hofbibliothek in Wien Nr. 1145 beschrieben.

72. Eine Monstranz. 145 : 54 mm. Bl : Pl. P. II. 282. 50. Zeitschr. f. christl. K. VI. Sp. 71. 1. Hochätzung ohne das Monogramm in der Zeitschr. f. christl. K. VI. Sp. 71—72. Fig. 2.

Dresden. (prachtvoller Abdruck.)

73.* Eine Monstranz. 244 : 65 mm. Pl. Zeitschr. f. christl. Kunst VI. Sp. 71. 2.

Dresden. (ausgezeichneter Abdruck.)

73 a. Copie von Israhel van Meckenem. 275 : 65 mm. Pl. P. II. 198. 259.

Bologna. London. Mailand, Trivulziana.

73 b. Gegenseitige Copie. 244 : 82 mm. Bl. B. VI. 304. 143. P. II. 198. 250 Cop. Repert. f. K. XV. 491. 113. und XVI. 50. 13.

Bologna. (I.) **Brüssel.** (I.) **London.** (I.) **Wolfenbüttel.** (II.)

Dieser Stich ist offenbar von derselben Hand gefertigt wie die gegenseitige Copie Nr. 75, und Israhel van Meckenem scheint seine Initialen bei beiden auf die vielleicht in seiner Werkstatt entstandenen Platten gesetzt zu haben, wenn dieselben nicht in betrügerischer Absicht hinzugefügt wurden.[30]) Er selbst copirte das Original des Meisters W A gleichseitig mit zarterem Stichel als der Anonymus, der sich indess genauer an seine Vorlage hielt. Während Israhel oben zwei Wasserspeier fortliess und vier dünne Säulchen unter die Spitzbogen zu beiden Seiten des Kristallcylinders hinzufügte, finden sich diese Veränderungen auf der gegenseitigen Copie nicht. Dieselbe ist aber derber behandelt und in den architectonischen Formen schwächer und unverstandener.[31])

Da sich beide Copien in London zufällig nebeneinander befinden, wurde die von Meckenem für das Original der anderen gehalten. Das beiden zu Grunde liegende Urbild blieb Duchesne, Passavant und Willshire[40]) unbekannt. Heinecken[41]) beschreibt sonderbarer Weise nur die anonyme Copie, obgleich er in Bologna die von Meckenem zum Vergleich daneben hatte. Von ihm hat Bartsch die Beschreibung in seinen Appendix zu Israhel van Meckenem übernommen. Die Platte hat sich bis in's siebzehnte Jahrhundert erhalten, wie der retouchirte Abdruck in Wolfenbüttel mit der Adresse des Kölner Verlegers Gerhard Altzenbach beweist.

---

[38]) Die Stellung des verzierten M über dem I kommt auf keinem Stich Israhels vor. Nur ein einziges und bezüglich seiner Echtheit nicht ganz einwandfreies Blatt: Die Ausgiessung des h. Geistes P. 230 zeigt den Namen Israhel mit vorangestelltem M.

[39]) Das von Duchesne (Voyage d'un Iconophile p. 349) angegebene Unterscheidungsmerkmal, dass im Gegensatz zu Israhels Copie die Kreuze auf allen Pinien fortgelassen seien, ist nicht zutreffend.

[40]) Cat. II. 260. J. 46.

[47]) N. N. I. 467. 143.

74. Gothische Monstranz. 274:86 mm. Bl. P. U. 282. 49.
Zeitschrift f. christl. K. VI. Sp. 71. 3. Photographie
der Reichsdruckerei nach dem Berliner Exemplar.
Auct. Fries (Amsterdam 1824.) zusammen mit
Nr. 65: 16 fl. an das British Museum.
Berlin. (1882 von Clément für 1000 fr. erworben,
oben und links ein wenig verschnitten.) **Cambridge.**
London. (1845 aus der S. Fries. Ausgezeichneter
Abdruck.) Dieser Stich befindet sich nicht in Dresden,
wie Passavant angiebt. Er verwechselt ihn wohl mit
Nr. 73.

74a. Gegenseitige Copie von Israhel van Meckenem.
274:86 mm. Pl. B. VI. 304. 142. P. II. 196. 258.
Repert. f. K. XIII. 46. 39.
Amsterdam. Cambridge. London (zwei Etats.)
Paris. Wien, Albertina. **Wien,** Oesterreich. Museum.
Wien, Hofbibliothek.

75. Gothische Monstranz. Von zwei Platten gedruckt.
Obere Platte 277:112 mm., untere 227:114 mm.
Gesammthöhe 504 mm. Pl. B. VI. 60. 17. Zeitschrift f. christl. K. VI. Sp. 72. 4.) Photographie in
halber Grösse von Angerer & Göschl nach dem Wiener
Exemplar.
Amsterdam. (ohne die oberste Spitze und den Grund-
riss. W. des unteren Blattes p mit Blume. Ausser-
dem ein Fragment von 280 mm. Höhe, von den
oberen Wasserspeiern bis zum Knauf des Fusses
herabreichend. W. Lilienwappen.) **Oxford.** (links
und rechts eng zugeschnitten und oben abgeschrägt.
Die Spitze [c. 54 mm.] scheint von einem anderen
Exemplar angesetzt.) **Wien,** Albertina (Prachtvoller
Abdruck.)**")

75a. Gegenseitige Copie. Auf zwei Blätter gedruckt.
Oberes Blatt 268:112 mm., unteres 223:112 mm.
Gesammthöhe 491 mm. Bl. P. II. 113. C. und 126. 11.
Zeitschrift f. christl. K. VI. Sp. 72. 4a.)
Dresden, S. Friedrich August II. **London.**
Duchesne**) kannte nur die obere Hälfte dieses
Stiches im British Museum, wo jetzt aber das ganze
Blatt vorhanden ist. Nagler**) beschrieb ihn zuerst
nach dem von Frenzel im Katalog Sternberg-Mander-
scheid (II. Nr. 172) aufgeführten, jetzt in Dresden
befindlichen Exemplar und bezweifelt mit Recht die
Genauigkeit des Monogrammes.**) Frenzel hatte den
Stich dem Meister B M zugeschrieben, Nagler ver-
muthete aber schon nach der Beschreibung eher ein
Werk des Meisters ᐗ ⚹ darin. Dass es eine Copie

**") Alle drei Exemplare sind genau an der gleichen Stelle zu-
sammengesetzt.
**) Voyage p. 349.
**) Monogrammisten I. 1056.
**) Leider ist dasselbe aus dem Kat. Sternberg in Naglers Werk
übernommen worden.

nach dem Letzteren sei, haben weder Duchesne noch
Passavant und Willshire**) bemerkt. Der verzierte
Buchstabe M deutet auf Israhel van Meckenem, und
die undeutliche Spur des links davon befindlichen
Buchstabens kann wohl nur der Rest eines aus-
geschliffenen ebenfalls verzierten J sein, wie es bei
Meckenem gewöhnlich vorkommt. Das M wiederholt
sich oben links ganz ähnlich und wurde vielleicht in
Verbindung mit dem verkehrten S hinzugefügt, um
das Blatt für eine Arbeit Schongauers anzugeben.
Die beiden oberen Buchstaben sind beim Druck der
Platte nicht genügend eingeschwärzt und daher so undeutlich, dass sie Frenzel übersah. Nagler erwähnt
sie gleichfalls nicht.

Passavant führt den Stich nach Frenzel hona fide
im Appendix zum Werk des Meisters B M an und
beschreibt die obere Hälfte nach dem Londoner
Exemplar im Appendix zu Schongauer, wo er das
Monogramm ganz ungenau giebt. Nagler**) folgt ihm
darin. Das Monogramm wird erst bei Willshire**)
mit annähernder Genauigkeit facsimilirt. Keiner der
genannten Autoren erkannte die Identität der Stiche
in London und Dresden und Keinem fiel das be-
kannte Monogramm Israhels van Meckenem auf.
Trotz dieser Bezeichnung ist die Copie jedoch keineswegs von ihm gestochen, sondern es liegt hier einer
jener Fälle vor, wo er sein Monogramm auf eine fremde
Platte setzte, wie er es bei mehreren von ihm retouchirten Stichen des Meisters F V B that. Die technische
Behandlung der Copie ist ungleich und zu derb,
auch der Druck zu schwarz, so dass an seine Urheberschaft nicht zu denken ist. Die Arbeit rührt
vielmehr von derselben Hand her, welche die ganz
ähnlich bezeichnete Copie nach der kleineren Monstranz
Nr. 73 fertigte.**) Das verzierte M auf beiden Stichen
zeigt in der Vertheilung der Schnörkel eine auffallende
Uebereinstimmung, während derselbe sonst seine Vor-
liebe für die kalligraphische Verzierung der Initialen
durch beständigen Wechsel der Schleifen, Häkchen
und Punkte bethätigt. Dennoch ist an einen späteren
Aufdruck, etwa mittelst einer Stampiglie nicht zu
denken, sondern das Monogramm ist auf beiden
Platten eingestochen und mit derselben Schwärze
wie der Stich selbst gedruckt.

76. Ein Rauchfass. 281:142 mm. Pl.**) B. VI. . 20.
Auct. Fountaine (London 1884.) 151 Lstr. an
Amsler & Ruthardt, 1890 an das Berliner Kabinet.

**) Cat. II. 258. J. 45.
**) Monogrammisten IV. 2160.
**) Cat. II. 259. J. 45.
**) Vergl. die Bemerkungen bei Nr. 73 b.
**) Die Angabe der Höhe bei Fr. v. Bartsch (Nr. 1143): 12 Zoll
325 mm. beruht auf einem Druckfehler.

Berlin. (1890 S. Fountaine.) **Oxford.** (gut, aber sehr fleckig und oben schräg zugeschnitten.) **Paris.** (W. undeutliches Wappen.) **Wien,** Hofbibliothek (oben und unten stark verschnitten und ergänzt.) Die Platte ist oben ein wenig geschweift.

77. Ein Deckelpokal. 294:115 mm. Bl. P. II. 282. 51. Lichtdruck bei Wessely, das Ornament Bd. I. Bl. 22 Nr. 41 nach dem Berliner Exemplar. Nachstich von Du Cerce in Reynard, Ornements des anciens maîtres

Pl. 61 und Hochätzung bei Guilmard, Les maîtres ornemanistes nach dem Pariser Abdruck.

Auct. Delbecq (Paris 1845) 129 fr., Bérard (Paris 1891) an Foule.

Berlin. London. (1847. mittelmässig, links etwas verschnitten und ohne die linke untere Ecke.) **Paris.** (W. p mit Blume.) **Paris,** S. Foule. (1891 aus der S. Bérard.)

ANHANG

Folgende drei Blätter sind mir nie zu Gesicht gekommen, und ich führe sie hier nur an, um zu weiterer Nachforschung nach ihrem Verbleib anzuregen, wenngleich ich glauben möchte, dass bei Nr. 78 und 79 nur die Beschreibungen ungenau und die Maassangaben falsch sind, alle drei Nummern aber mit den vom Meister **W ⚒** retouchirten Ornamentblättern des Meisters ES (E—H des nachfolgenden Verzeichnisses) zu identificiren sein dürften.

78. Gothisches Blatt von rechts aufsteigend und sich nach links neigend. Unten etwas gegen links das Monogramm. 128 : 166 mm. Evans. Additional notes to Bartsch Nr. 276.

Vielleicht der II. Etat von H in Oxford. Dort wächst das Blatt aber von links nach rechts und die Maasse stimmen nicht, selbst wenn man den breiten Papierrand mit misst.

79. Gothisches Blatt von einem rechts befindlichen Ast aufsteigend und sich nach links neigend. Das Monogramm in der Mitte. 278:225 mm. Evans. Additional notes to Bartsch Nr. 276.

Könnte der II. Etat von F · in Oxford sein, nur stimmen die Maasse absolut nicht.

80. Gothisches Blatt.

Auct. Dragulin (London 1866) Cat. Nr. 1784. Der Stich wurde für 6 Guineen verkauft.

v. Murr beschreibt in seinen Beiträgen [68]) eine Schiefertafel (122 : 94 mm.) mit der gravirten Darstellung der Geburt Christi, welche er 1804 vom Licentiaten und Referendar Schmid zu Augsburg, in Ebenholz mit elfenbeinernen Stäbchen gerahmt, erhalten habe, und die sich vordem in der Kunstsammlung des 1776 verstorbenen Dechanten Bossi bei St. Moritz in Augsburg befunden hatte. Auf dem Spruchband der drei singenden Engel mit dem »Gloria in excelsis« soll unter den Noten die Jahreszahl 1.ℛ.6. ∧ und zu unterst das Zeichen ⚒ gestanden haben. Passavant[70]) citirt v. Murr's Beschreibung, ohne jedoch ausdrücklich zu sagen, dass es sich nur um die Platte handle und dass Abdrücke davon nicht bekannt seien.[71]) Wahrscheinlich handelt es sich hier ebenfalls um eine vom Meister **W ⚒** retouchirte Arbeit des Meisters ES, wofür auch die Jahreszahl 1467 und ihre Schreibweise mit Trennungspunkten spricht. Leider waren meine Bemühungen, das merkwürdige Stück wieder aufzufinden, gänzlich erfolglos.

---

[68]) Beyträge zu der Geschichte der ältesten Kupferstiche (Augsburg 1804) p. 86.
[70]) Peintre-Graveur II. p. 56.
[71]) Es fragt sich, ob die Platte überhaupt zum Abdruck bestimmt war. v. Murr giebt nicht an, ob die Jahreszahl verkehrt stehe, was eigentlich nicht anzunehmen, da er sie sonst wohl so reproducirt hätte.

A. Die kleinste Madonna von Einsiedeln. 102 : 68 mm. Bl.

I. Vor der Retouche. P. II. 57. 151. **Berlin.**

II. Retouchirt von der Hand des Meisters ⟨W⟩, aber ohne dessen Zeichen. Die weissen Quadern am Boden und der untere Theil des linken Pfeilers sind mit kurzen Keilstricheln bedeckt, die am Boden horizontal, am Pfeiler vertikal laufen. Die Schatten sind meist verstärkt, einige im I. Zustand helle Stellen mit Schraffirungen zugedeckt, so namentlich die Scheiben des linken Kuppelfensters und die darunter liegenden Architecturtheile wie auch die Stelle mit der Jahreszahl, die dadurch fast ganz verdeckt wurde. Endlich ist auch eine Einfassungslinie hinzugefügt. 99 : 66 mm Einf. P. II. 85. 10. **London. Wien, Albertina.**

Vergl. meine Bemerkungen in der Zeitschrift f. b. K. XXIV. p. 160 — 173, wo beide Etats in Hochätzung reproducirt sind.

B. Der Marcus-Löwe. 94 : 62 mm. Einf. 101 : 67 mm. Pl.

I. Vor der Retouche. B. VI. p. 46. P. II. 63. 187. **London.**

II. Retouchirt vom Meister ⟨W⟩, aber gleichfalls ohne dessen Zeichen. Die Strahlen im Nimbus sind verlängert und erreichen fast den Rand, ebenso der Schnabel des langgeschwänzten Vogels links, der zugespitzt und ganz geschlossen ist. Am linken Contur des linken Löwenflügels geben etwa fünfzig kurze Horizontalstriche entlang, die im l. Etat fehlen, und von der linken oberen Spitze desselben zieht sich eine Vertikalschraffirung nach rechts abwärts. Die Steine am Boden werfen keinen Schlagschatten nach rechts, und die das Erdreich deckenden zarten nach rechts gekrümmten Häkchen sind durch derbere nach links gekrümmte ersetzt. **Berlin. Dresden.**

C. St. Johannes Baptista. 91 : 61 mm. Einf.

I. Vor der Retouche. B. VI. 28. 74. **Dresden, S. Friedrich August II. Wien, Albertina.**

II. Retouchirt vom Meister ⟨W⟩, aber ohne dessen Zeichen. Der Boden ist in seinem oberen Theil

mit einer Querschraffirung gedeckt und das Kreuz im Nimbus des Lammes hat einen schwarzen Kern. Die Einfassungslinie ist nur links und rechts sichtbar, oben und unten fast ganz ausgeblieben. Repert. f. K. XVI. 33. 3. **Braunschweig.**

D. Die Dame mit Lanze und Bindenschild. 110 : 60 mm. Bl.

I. Vor der Retouche. P. II. 65. 197. **Berlin. Dresden. München.**

II. Retouchirt und mit dem Zeichen ⟨A⟩ unten in der Mitte. Die Platte ist verkleinert und misst etwa 96 : 68 mm. Pl.[77]) B. VI. 53. 1. **Wien, Albertina.**

E.-H. Vier Ornamentblätter. Vergl. Kunstfreund 1885 Sp. 341. und Katalog des German. Museums 26. 82.

E. Gothisches Blatt mit einer Distelblüthe. 99 : 72 mm. Bl.

I. Vor der Retouche. B. VI. 44. 113. I. Kunstfreund 1885. Sp. 241. Nr. 1. **London. Wien, Hofbibliothek.**

II. Retouchirt vom Meister ⟨W⟩, aber noch vor dessen Zeichen. Zwischen den unteren vom Blüthenansatz des Distels nach unten gekehrten spitzen Blättchen sind sechs dünnere eingefügt und alle Conturen verstärkt. **Paris.**[78])

III. Ebenso, aber mit dem Zeichen ⟨A⟩ unten rechts von der Ranke. B. VI. 44. 113. II. **Wien, Albertina.**

F. Gothisches Blatt mit einer Blume. 98 : 62 mm. Pl.

I. Vor der Retouche. B. VI. 44. 112. Kunstfreund 1885. Sp. 242. Nr. 2. **Wien, Albertina.**

II. Retouchirt und mit dem Monogramm ⟨A⟩ unten rechts über dem Stammsast. B. VI. 62. 23. P. II. 283. 56. Kat. d. German. Museums p. 26a. **Berlin. Oxford. Wien, Albertina.**

G. Gothisches Blatt mit dem Reiher. 98 : 68 mm. Pl.

I. Vor der Retouche. B. VI. 43. 110. Kunstfreund 1885. Sp. 243. Nr. 3. **London. London, South Kensington-Museum. Weimar. Wien. Albertina und Hofbibliothek.**

---

[77]) Der Plattenrand ist sehr undeutlich.

[78]) Dieses Zwischenstadium lernte ich erst nach Abfassung meines Artikels im Kunstfreund kennen. Bartsch beschreibt den III. als II. Etat.

II. Retouchirt und mit dem Zeichen ⚹ unter dem
Kopf des Vogels. P. II. 81. 8.[76]) **London.**
Paris, S. v. Rothschild.

H. Gothisches Blatt. 97 : 68 mm. Pl.
I. Vor der Retouche. P. II. 100. 97. Kunstfreund 1886. Sp. 244. Nr. 5. **Berlin.**
II. Retouchirt und mit dem Monogramm ⟶W⚹ unten
links vom Stiel über dem Stammast. P. II.
283. 57. Kat. d. German. Museums 26. 82. **Nürnberg. Oxford.**

I- P. **Sieben Spielkarten aus dem kleineren Karten-
spiel.** L. p. 12.

I. **Thier-Zwei.** 94 : 68 mm. Bl.
(I.) Vor der Retouche. **Unbekannt.**
II. Retouchirt und mit dem Zeichen ⚹ zwischen den
Beinen der Kämpfenden. P. II. 81. 7.[78]) **Oxford.**

K. **Thier-Drei.** 97 : 68 mm. Pl.
I. Vor der Retouche. P. III. p. 498. Add. L. 13. 1.
Nürnberg.
II. Retouchirt mit Hinzufügung der Einfassungslinie
und des Zeichens ⚹ unter dem Bauch des Reh-
bocks. B. VI. 55. 5. L. 13. 1. Cop. **Wien,
Albertina.**

L. **Thier-Sechs.** 97 : 67 mm. Pl.
I. Vor der Retouche. L. 13. 2. **Dresden.**
II. Retouchirt mit Hinzufügung von drei Krallen
am rechten Hinterfuss des Bären und mit dem
Zeichen ⚹ in der Mitte zwischen dem Bären

---

[76]) Zuerst von Evans (Additional notes to Bartsch Nr. 270) als
Arbeit des Meisters ⟶W⚹ beschrieben.
[78]) Leider kannte ich diesen Stich bei Abfassung meiner Spielkarten-
Publikation noch nicht.

und Löwen. B. VI. 55. 6. L. 13. 2. Cop. **Wien,
Albertina.**

M. **Thier-Dame.** 99 : 68 mm. Pl.
I. Vor der Retouche. B. VI. 37. 93. L. 13. 3. und
p. 41. **Dresden. London. München. Paris,**
S. v. Rothschild.
II. Retouchirt. Der Erdboden unter dem Rasen ist mit
kleinen Häkchen und weiter unten mit Horizontal-
strichen bedeckt. Unten links neben dem Felsen
das Zeichen ⚹. B. VI. 55. 4. L. 13. 3. Cop.
Paris. Wien, Albertina und Hofbibliothek.

N. **Wappen-Ass.** 98 : 68 mm. Pl.
I. Vor der Retouche. P. II. 66. 200. L. 14. 7.
Oxford. Wien, Albertina.
II. Retouchirt. Die kleinen Kreise auf dem Schräg-
balken im Banner sind durch eine Querschraffirung
ersetzt. Unten rechts das Zeichen ⚹. B. VI. 54. 3.
P. II. 66. 200. Cop. L. 14. 7. Cop. **Berlin.
Wien,** Albertina.

O. **Wappen-Dame.** 98 : 68 mm. Pl.
I. Vor der Retouche. P. II. 67. 206. L. 14. 12.
Paris, S. v. Rothschild.
II. Retouchirt vom Meister ⟶W⚹, aber ohne dessen
Zeichen. Zwischen den sich kreuzenden Linien
in der Querbinde des Wappens sind kleine Hori-
zontalstriche hinzugefügt. B. VI. 54. 2. L. 14.
12. Cop. **Wien,** Albertina.

P. **Blumen-Fünf.** 97 : 67 mm. Pl.
I. Vor der Retouche. **Unbekannt.**
II. Retouchirt. Unten links unter der Nelke das
Zeichen ⚹. Repert. f. K. XVI. 33. 4. **Braun-
schweig.**

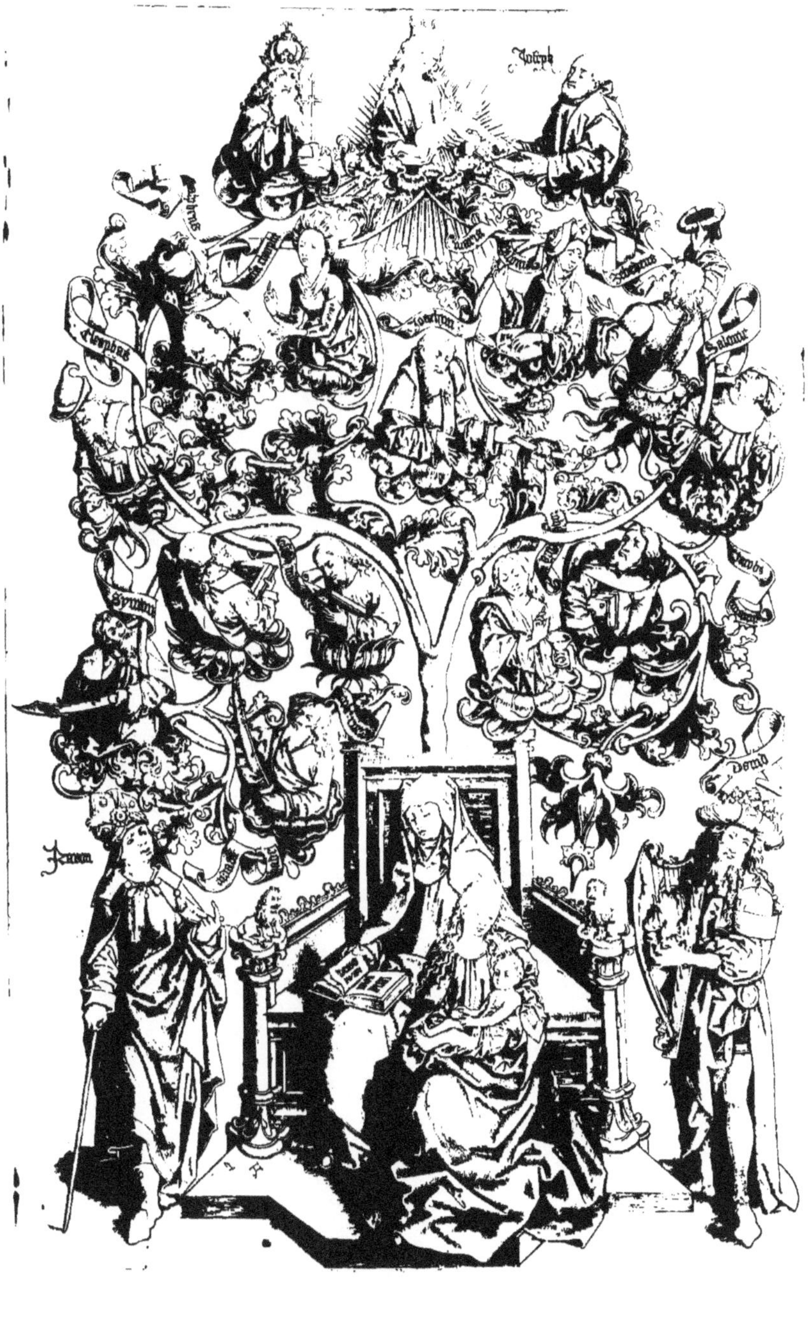
Joseph

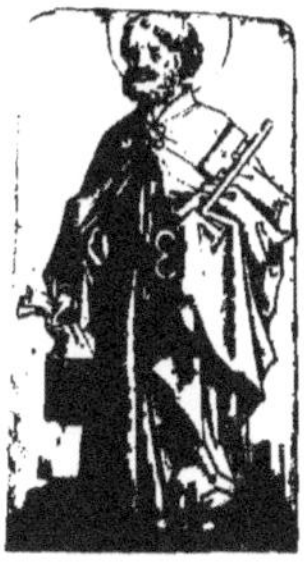

30

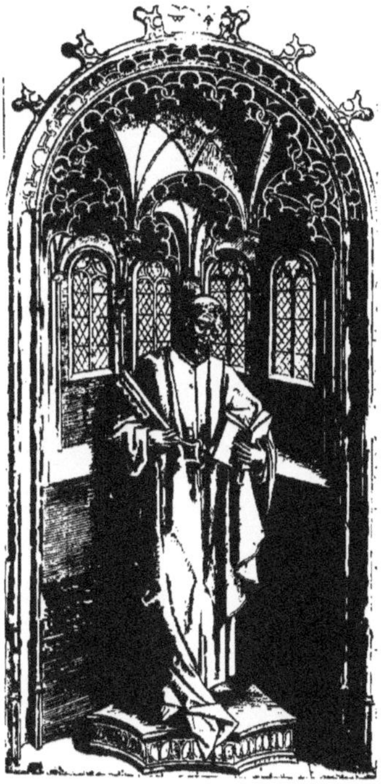

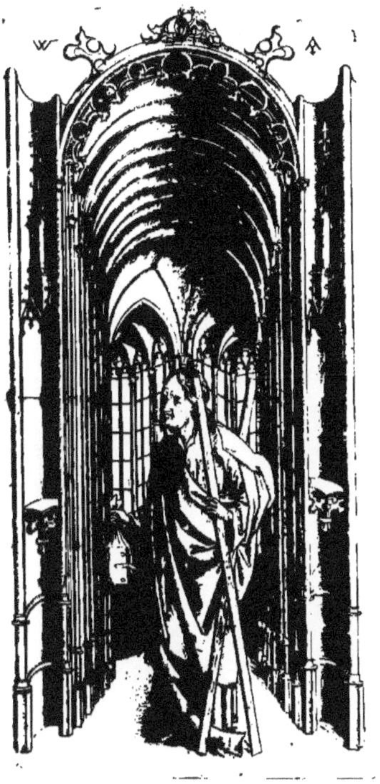

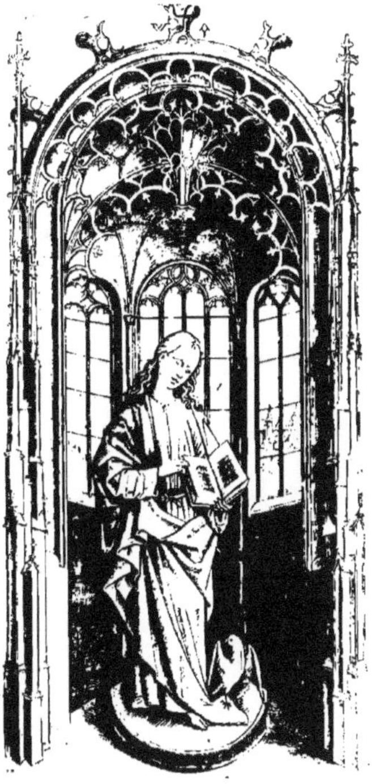

16

17

18

20

19

21

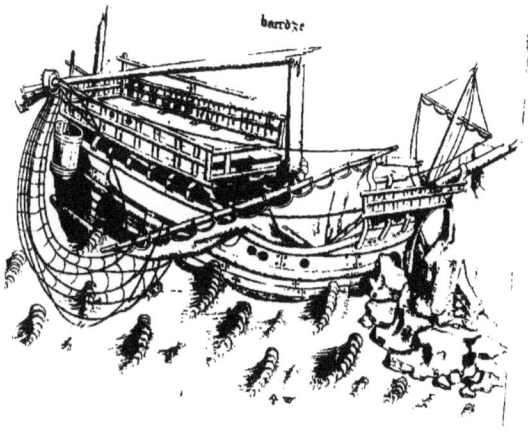

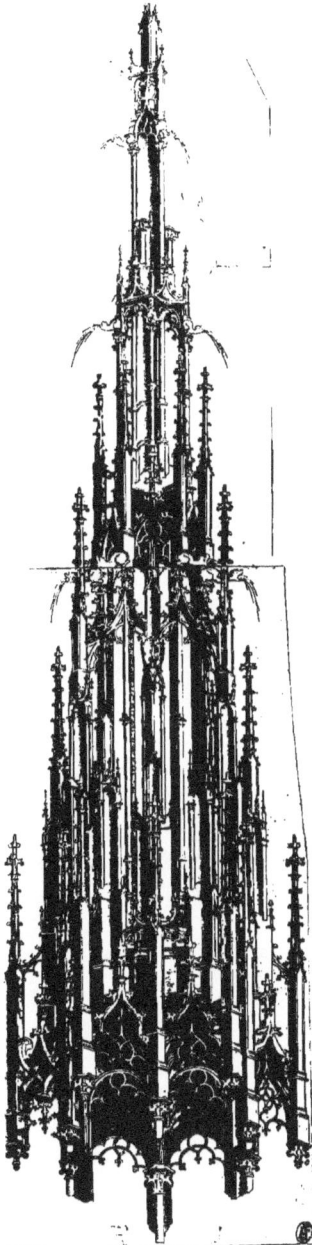

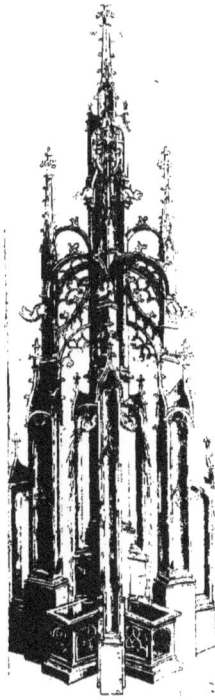

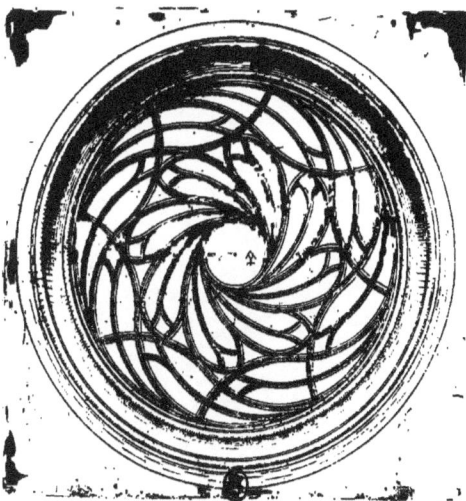

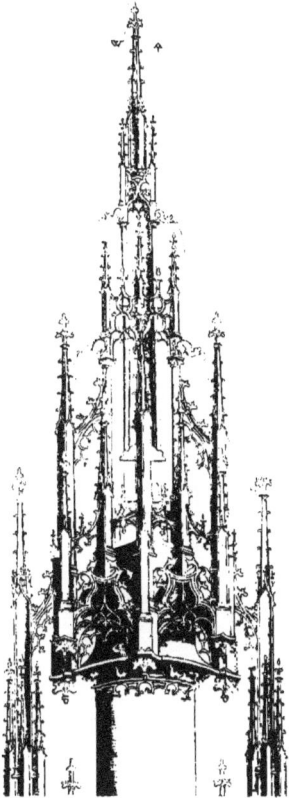

77

78

www.ingramcontent.com/pod-product-compliance
Lightning Source LLC
Chambersburg PA
CBHW021415090426

42742CB00009B/1151